품질의 차원

품질의 차원

발 행 일 2020년 4월 29일 초판 1쇄

지 은 이 김연성
발 행 인 이동선
편　　집 노지호, 박우현, 김효윤
마 케 팅 김정화
디 자 인 이든디자인
발 행 처 한국표준협회미디어
출판등록 2004년 12월 23일(제2009-26호)
주　　소 서울특별시 금천구 가산디지털1로 145, 에이스하이엔드 3차 1107호
전　　화 02-2624-0361 **팩스** 02-2624-0369
홈페이지 www.ksamedia.co.kr

ISBN 979-11-6010-048-8 03320

값 13,000원
잘못된 책은 바꾸어 드립니다.

이 책은 인하대학교의 지원에 의하여 연구되었음
(This work was supported by INHA UNIVERSITY Research Grant)

시대가 요구하는 새로운 품질의 차원을 알아야 이길 수 있다

품질의 차원

김연성 지음

KSAM

contents

시작하며_ 품질이 돌파구이다 · 006

01   013
품질 차원의 재조명

02   027
핵심 성능 | 품질의 핵심 성능을 찾아서

03   037
특징 | 색다름의 시작이 특징일까

04   049
신뢰성과 내구성 | 언제나 처음같이

05   061
서비스가능성 | 다른 건 몰라도 서비스라면

06   071
심미성 | 스스로 보기에 좋은 것

07   083
편의성 | 기다림도 불편함도 없는 완벽함

08 097
리드타임과 대기시간 | 기다림의 스마트화

09 111
개인적 이미지 | 그냥 마음에 끌림과 설렘

10 123
고객화 | 잘 맞춰 주는 능력으로 승부 내기

11 139
상호작용 | 새로운 상호작용으로의 초대

12 153
미래의 품질

마치며_ 품질이 산업이고 혁신이 능력이다 · 166
참고문헌 · 176

시작하며

품질이 돌파구이다!

절실한 품질

당신은 품질을 어떻게 바라보시나요? 그 속에 '절실切實함'이 있는지요? 사전적 의미로 '절실'은 '매우 시급하고도 긴요한 상태'를 말한다. 이렇게 시급하며 중요한 일은 당장 실천에 옮겨야 옳다고 한다. 따라서 품질에 절실함이 있다면 당장 더 나은 품질을 위해 행동해야 한다. 품질을 절실하게 바라보는 기업에서는 품질인을 중시하고, 품질 문제가 발생하면 해결될 때까지 공장 라인을 세우거나, 품질을 총괄하는 컨트롤타워를 신설하기도 한다. 또 CEO가 직접 나서서 품질을 운영하기도 하며, 품질경쟁력 제고를 위해 경영품질의 세계적 기준인 말콤볼드리지 모델을 현업에 정착시키고자 노력하고 있다.

　지금은 그 어느 때보다도 품질이 절실한 시점이다. 다음의 두

가지 기사 내용을 살펴보면서 우리 산업계에서 다시 한 번 품질의 중요성을 강조할 필요성에 대해서 생각해 보아야 할 것 같다. 특히, 소재 및 부품산업의 육성에 모두가 한목소리로 그 필요성을 강조하는 가운데 품질 확보 방안과 이를 추진할 산업정책의 필요성에 대해서도 공감이 필요한 시점이라고 하겠다.

[기사1] 부품의 품질이 일류의 조건이다

'구매의 예술화'는 이건희 회장이 직접 지어낸 말이다. 조립산업은 원가의 80%가 구매원가이기 때문에 협력업체를 잘 육성해 품질을 높여야만 경쟁력을 높일 수 있다는 것이다. 조달만 하는 단순한 구매가 아니라, 협력업체에게 베풀면서 도움 받는 관계를 구축해 양질의 부품을 싸고 신속하게 구매하는 '예술의 경지'까지 끌어올려야 한다는 것이다.

삼성전자에는 협력업체 모임인 '협성회'가 조직되어 있다. 일종의 '자생적 조직'이다. 이건희 회장의 일화이다. 그는 "우리 회사에 오시면 어디에 주차하십니까?"라는 질문을 던졌다. 이 회장의 생각은 협력회사 사장이 들어오면 삼성전자 사장 옆에 주차할 수 있어야 한다는 것이었다. 협력업체에 대한 파트너십을 극적으로 표현한 것이다. 그는 협력회사 대표에게 삼성전자에 언제든 출입이 가능한 '프리 패스제'를 도입했다. "부품의 품질이 확보되지 않으면 100년이 가도 일류가 될 수 없다"는 것이 그의 지론이다.

자료: 삼성그룹 회장 이건희(4)_'구매의 예술화'로 승화된 상생경영, 업코리아 (http://www.upkorea.net)

[해설1] 모두가 일류 품질로 올라서야 한다

완제품의 품질은 부품의 품질이 결정한다. 여러 부품 중에서 가장 품질이 낮은 부품의 품질 수준이 전체 제품의 품질을 좌우함에 주목해야 할 것이다. 일반적인 계산이라면 '1+3=2'가 맞을 것이지만, 1등급과 3등급 품질의 부품을 조합하면 3등급이 되기 마련이다. 산업 전반에 걸쳐 품질 수준 향상의 필요성을 다시 한 번 생각해 봐야 할 것 같다.

[기사2] 품질은 타협할 수 없다

LG전자를 이끌고 있는 조성진 부회장은 1976년 금성사 전기설계실에 입사한 후 40여 년간 가전 사업에 몸담아 왔고 명실공히 이 분야 최고 전문가로 손꼽히며 가전장인家電匠人으로 불리고 있다. 조 부회장은 LG 브랜드를 고객이 열망하는 글로벌 1등 브랜드로 키우고 있다. 또한 LG전자 전 사업에 1등 DNA와 혁신 DNA를 이식해 모바일·에너지·자동차 부품에서도 가전에서와 같은 성공 방정식을 만들 계획이다. 또한 제조 회사의 본질은 제품에 있고 품질은 절대 타협할 수 없다는게 그의 지론이다.

자료 : [2019 100대 CEO&기업] 조성진 부회장, '고객 가치' 중심 체질 변화로 수익 기반 성장 가속, 한경비즈니스 제1230호(2019.06.24 ~ 2019.06.30) 기사

[해설2] 품질로 위기를 극복하자

LG전자를 이끌고 있는 조성진 부회장은 품질은 절대 타협의 대상이 아니라고 강조한다. 품질을 확보하기 위해 공장 가동을 중지하기도 했다. 세계 시장에서 1등을 하고 시장점유율을 높여가는데 가장 중요한 요소는 품질이라고 강조하고, 현장에서 실천한 점에 주목할 필요가 있겠다. 다소 시간이 걸리더라도 또 조금 불편함이 있더라도 품질을 통한 경쟁력 확보를 하는 것이 지름길이라는 점을 확인하고 증명해 내는 것이다.

품질이 유일한 산물

품질과 관련된 중국의 격언 중에 "품질시임하 일가공가적 유일산품品質是任何 一家公可的 唯一産品"이란 말이 있다. 영어로는 "Quality is a company's only product"인데, 이는 "품질이 기업의 유일한 산물이다"라는 뜻이다. 이제 품질을 중시하지 않을 수 없는 이 시점에서 모든 것을 민간 기업에 맡겨두기 보다는 특히 중소기업의 품질 수준 향상을 위한 산업정책의 재정립이 필요할 것이다.

여러 경제적인 어려움이 산업계 전반에서 나타나고 있는데, 이를 해결하는 여러 방법이 있겠지만, 이번에도 그 돌파구는 역시 품질에서 찾아야 할 것이며, 현장에서 품질을 책임지고 있는 품질인들의 역할이 더욱 중요한 시점이 되었다.

품질은 경영의 한 축이다

최근에 몇 분의 경영자들을 만나 이야기를 나눌 기회가 있었다. 전자, 화학, 방산, 생활용품, 아웃도어, 가구, 의료, 소방, 렌탈 등 다양한 업종에서 아주 좋은 실적을 내고 있는 경영자들과의 대화는 그 자체가 즐거움이었다. 현실의 문제를 듣고 나름의 해결책을 논의한다는 점에서도 보람되었지만, 그 분들의 수십 년 경영 노하우에서 묻어나는 내공을 느끼는 것만으로도 짜릿한 경험이었다.

경영의 여러 주제가 대화의 소재가 되었지만, 특별히 한 가지 공통 주제는 단연 '품질'이었다. 전공과 배경 그리고 업종은 달랐지만 이 분들의 '품질관品質觀'에는 남다름이 있었다. 마치 드론을 타고 숲과 나무를 다 보는 듯 했다. 품질을 단지 공장이나 현장에서 일어나는 담당직원들의 칸막이 속 업무로 보지 않고, 기업의 모든 분야에서 다뤄야 하는 기업의 핵심 경쟁력으로 인식하고 있었다. 공급사슬 전체에서 불량이 원천적으로 발생하지 않도록 하며, 혹시 문제가 생긴다면 추적하여 개선하고 다시는 그런 일이 일어나지 않도록 관리해 나간다는 점에서도 공통점이 있었다. 품질 문제를 해결하지 못하고서는 수주를 할 수 없으니, 품질은 마케팅의 선행요소라고 강조하기도 했다. 교과서 속 이론을 하나하나 정리해 나가는 듯했다. 예방에 1원 투자하면 검사에서 발생하는 10원과 실패에서 발생하는 100원을 미연에 방지할 수 있다는 "1-10-100"의 원칙이나, 불량이 발생하지 않도록 시스템을 개선하는 '6시그마' 철학이 현장에서 살아 움직이고 있다는 점이 고무적이었다. 4차 산업혁명 시대를 맞이하여 고객화와 맞춤화를 하면서도 고객의 기대를 충족하는 품질 수준을 달성해 나가는 일은 스마트공장의 주요 과제라는 점에도 공감을 표시했다.

이들 경영자의 품질관에는 '절실切實함'이 있었다. 그래서 그들은 필요하다고 판단되면 품질 문제가 해결될 때까지 공장 라인을 세우기도 했고, 품질을 책임지는 컨트롤타워를 직접 담당하거나, 품질경쟁력 제고를 위해 경영품질의 세계적인 기준인 말콤볼드리지 모델을 현업에 정착시키고자 수년간 노력하여 왔다고 한다. 이 또한 품질경영 교과서에서 찾아 볼 수 있는 매우 중요한 원칙들이다. 이렇게 이구동성으로 품질은 경영의 한 축이라고 강조하고 있다.

　사실 품질은 상당히 익숙한 주제이다. 그렇지만 4차 산업혁명 시대에 고객이 가장 기대하는 것도 품질이다. 품질을 점검하여 고객이 원하는 품질을 제공하는 일은 경영자의 중요한 미션이란 점을 다시 한 번 생각해 볼 때이다.

　이처럼 품질의 중요성이 다시 강조되는 시점을 맞이하여, 품질로 경쟁하고 품질로 성장하기 위한 첫 단계인 품질의 '새로운 차원'을 규명하고, 각각의 차별에 따른 적용 사례를 분석하고 이를 통해 전략적 시사점을 제공하기 위한 방안을 이 책을 통해서 제공하고자 한다. 여기에 제시된 내용은 한국표준협회가 발간하는 월간지 「품질경영」과 「품질그리고창의」, 그리고 동아일보사에서 발간하는 「동아비즈니스리뷰DBR」 등에 저자가 기고한 원고를 중심으로 작성되었다. 품질의 차원에 대한 아이디어가 새로운 관점의 책으로 발간되기까지 도와주신 한국표준협회미디어 이동선 대표님과 노지호 팀장님께 감사의 말씀을 드리며, 이 책의 발간에 도움을 주신 많은 품질 전문가들과 현장의 목소리를 전달해 주신 품질 실무자 여러분들께도 깊이 감사드린다. 그리고 필자가 한국품질경영학회 회장으로 활동하는 동안 많은 지원과 격려를 보내주신 여러분들에게 이 책을 바치고자 한다.

2020년 3월 김연성 드림

01
품질 차원의 재조명

기업은 제품이나 서비스의
어떤 품질 차원을 경쟁의 주요 요소로
삼을 것인지 고객의 니즈 변화와
시장의 구조 변화를 주목하며
결정하고 대비하여야 할 것이다.

세상의 빠른 발전에 따라 품질의 개념도 더욱 진화하고 발전해 간다. 기존의 품질 개념으로는 설명하기 어려운 새로운 현상이 등장함에 주목하여 새로운 품질 개념을 도입하려는 시도는 어쩌면 당연한 노력이라고 하겠다. 전통적인 품질 개념에는 가격, 표준, 속도, 고객화 등이 포함된다고 하면, 새로운 품질 개념에는 경험, 참여, 공동창조, 공유, 지속가능성 그리고 쾌락적 속성까지 포함되어야 한다는 주장이 등장하고 있다.

4차 산업혁명 시대를 맞이하여 전에 없던 새로운 제품과 서비스, 새로운 고객이 등장하고 있다. 이러한 상황에서 기업은 어떤 품질 차원으로 경쟁에 대응해야 할 것인가?

이러한 고민을 해결하기 위한 방안으로 이 책에서는 기존의 품질 차원을 분석하고, 새로운 품질 차원을 점검하여 각 기업에 적합한 품질 차원을 선별하여 대응하기 위한 방안을 제안하고자 한다. 먼저 기존의 품질 차원에 대한 연구와 동향을 분석하여 보면 다음과 같다.

상품의 품질 차원

상품의 품질은 8가지 품질 차원을 가지며, 기업은 이 차원에 근거하여 경쟁을 한다는 1987년 가빈Garvin의 HBRHarvard Business Review 논문에서 상품의 품질 차원은 정립되었다. 가빈은 1984년 SMRSloan Management Review 논문에서 이러한 분석 틀을 제시하였고, 이를 발전시켜 품질의 차원과 경쟁 방식에 대해 설명하였다. 어떤 상품이든 여기서 제시한 차원에 근거하여 경쟁을 하며, 어떠한 경우에는 몇몇 차원에서 다른 경쟁자보다 앞서지만,

- 성능 Performance
- 신뢰성 Reliability
- 내구성 Durability
- 심미성 Aesthetics
- 특징 Feature
- 일치성 Conformance
- 서비스의 편의성 Serviceability
- 지각된 품질 Perceived Quality

<그림 1> 가빈의 8가지 상품 품질 차원
자료: Garvin, D.(1987), "Competing on the Eight Dimensions of Quality", Harvard Business Review, November, Vol.65, No.6.
(https://hbr.org/1987/11/competing-on-the-eight-dimensions-of-quality)

또 다른 차원에서는 경쟁자보다 뒤질 수도 있다. 그래서 기업은 이러한 상품의 품질 차원 중에 어떤 차원에 근거하여 경쟁을 할 것인지를 전략적으로 선택해야 한다.

8가지 품질 차원의 각각의 내용은 다음과 같다. 사실 가빈은 이 차원들이 제품이나 서비스에 모두 적용된다고 설명하였으므로, 서비스 품질과 대비되는 개념으로 인식하기보다는 제품과 서비스에 모두 적용되는 것으로 보아야 할 것이다.

- **성능** : 상품의 주요 운영상의 특성으로 자동차라고 하면 가속능력, 속도, 안전성 등이 여기에 해당된다.
- **특징** : 상품의 2차적인 특성으로 자동차라고 하면 추가로 장착이 되는 옵션이나 내비게이션 서비스 등이 여기에 포함된다.
- **신뢰성** : 상품이 제시된 사용 환경에서 일정기간 동안 고장이 나지 않을 확률이며, 첫 번째 고장이 날 때까지의 기간이나 단위시간당 고장률 같은 지표로 관리된다. 자동차라고 하면 판매된 이후 처음 3개월 동안 고장을 조사하여 발표하는 J.D. Power 신차품질조사(IQS, Initial Quality Study)가 이를 반영하는 것이다.
- **일치성** : 상품의 설계와 운영 특성이 사전에 설정된 표준에 충족되는 정도를 의미하며, 자동차라고 하면 공장에서 자체적으로 조사한 불량률과 판매된 이후에 고객이 신고하는 불량 건수 등이 여기에 해당된다.
- **내구성** : 상품의 수명으로 기술적이며 경제적인 차원을 포함하는 개념

이다. 자동차라고 하면 예상되는 사용연한이 여기에 해당된다. 기술적으로 수리가 가능하다고 하더라도 비용이 너무 많이 들어간다면 실제로는 수명이 다한 것으로 보아야 할 것이다.

- **서비스의 편의성** : 서비스가능성, 속도, 친절, 역량, 수리의 편리성을 모두 포함하는 차원으로 신속하고 용이하게 상품을 수리할 수 있는 능력이며, 자동차의 경우 수리 요청을 할 때 몇 시간 내에 서비스를 받을 수 있는가와 수리 과정에서 얼마나 친절한가 같은 것이 여기에 포함된다.
- **심미성** : 시각, 촉각, 청각, 미각, 후각 등 오감과 관련된 상품의 품질 차원으로 주관적이며 개인의 판단과 선호를 반영하는 것으로, 자동차의 경우 조용한 자동차 엔진 소리나 신차 냄새 등이 여기에 해당된다.
- **지각된 품질** : 고객은 제품이나 서비스의 특성에 대한 완벽한 정보를 갖고 있지 않기 때문에 간접적인 지표에 의존하여 판단하고 선택을 하게 된다는 점을 반영하는 주관적인 차원으로 회사 광고, 이미지, 브랜드 인지도 등을 통한 주관적인 평가를 의미한다. 자동차의 경우 이런 의미에서 혼다Honda는 미국 오하이오주 마리스빌Maryswille, Ohio에서 생산되는 메이드 인 아메리카라는 점을 강조하는 것이 여기에 해당된다.

가빈은 이러한 8가지 차원 중에서 어떤 차원으로 경쟁을 전략적으로 할 것인지 결정하라고 제언하면서 동시에 전략적 오류를 조심하라고도 경고했다. 즉, 경영자들이 품질은 단지 생산 프로세스에서 관리가 될 수 있는 것이라고 편협하게 생각하지 말아야 하며, 고객의 니즈와 선호를 보다 적극적이며 강력하게 반영하여야 한다는 점을 잊지 말아야 한다고 강조했다. 품질은 풀어야 할 단순한 문제가 아니라 경쟁의 기회이기 때문이다.

서비스의 품질 차원

산업의 발전에 따라 경제에서 차지하는 서비스의 비중이 점차 증가하고, 서비스의 중요성이 증대함에 따라 이에 대한 연구도 활발하게 되었다. 품질 분야 역시 서비스에 대한 연구가 진행되었고, 가장 대표적인 서비스 품질 연구는 Parasuraman, Zeithaml, Berry(이하 PZB, 1985, 1988)에 의해 개발된 다항목 척도 SERVQUAL 모델이다.

PZB는 이 모델에서 서비스품질의 차원을 5가지로 제시하였고, 각 차원의 영문 앞 글자를 모아 RATER로 부른다. 고객이 서비스 품질을 판단할 때의 5가지 차원RATER은 다음과 같다.

- 신뢰성(Reliability) : 약속한 서비스를 정확하게 수행할 수 있는 능력
- 확신성(Assurance) : 믿음과 확신을 주는 직원 능력 및 지식과 호의
- 유형성(Tangibles) : 물적 시설, 장비, 인력, 통신의 확보
- 공감성(Empathy) : 고객에 대한 배려와 개별적인 관심을 보일 준비
- 대응성(Responsiveness) : 고객에게 신속한 서비스를 제공하겠다는 의지

PZB는 무형의 서비스를 대상으로 서비스 품질을 측정할 수 있는 SERVQUAL 모델을 제시하면서, 서비스 품질의 차원을 5가지로 제시하였으나, 산업이나 기업의 특성을 반영하여 특화된 차원들이 추가되거나 변경되는 등의 후속 연구도 진행되었다.

　　예를 들면, 항공산업에서는 안전Safety이 강조되기도 하고, 외식산업에서는 청결Cleanness을 고려하기도 하며, 병원산업에서는 의료서비스의 개선정도Degree of improvements of care service 등이 서비스 품질 차원에 포함되기도 한다. 또한 인터넷산업을 대상으로 한 E-SERVQUAL 모델에서는 사용편리성Ease of use

<표1> PZB의 5가지 서비스 품질(SERVQUAL)의 차원

구분	차원	구성 내역(예시)
서비스 산출	신뢰성(Reliability)	서비스 약속시간의 준수 고객 문제해결을 위한 자세
서비스 프로세스	확신성(Assurance)	직원의 친절도 직원의 업무지식
	유형성(Tangibles)	건물, 시설 등의 외관 직원의 복장
	공감성(Empathy)	고객 개개인에 대한 관심 고객의 욕구 이해
	대응성(Responsiveness)	신속한 서비스 서비스에 대한 자발성

자료 : Parasuraman, A., Zeithaml, V.A. and Berry, L.(1985), "A Conceptual Model of Service Quality and Its Implications for Future Research", Journal of Marketing, Vol.49, No.4, pp41-50. Parasuraman, A., Zeithaml, V.A. and Berry, L.(1988), "SERVQUAL: A Multiple-Item Scale for Measuring Customer Perceptions of Service Quality," Journal of Retailing, Spring, pp.12-40.

등이 서비스 품질 차원에 포함되며 확신성이나 신뢰성은 오히려 제외되기도 한다는 연구가 있다. 일반적인 서비스 산업에서는 기존의 SERVQUAL 모델의 5가지 차원이 적용되겠지만, 새로운 서비스 산업에서는 새로운 차원으로 구성되는 서비스 품질 모델이 적용될 수 있겠다. 새 술은 새 부대에 담아야 하듯 이 분야의 발전이 기대된다.

새로운 품질 차원

그동안 상품과 서비스에 대한 품질의 차원에 대한 연구와 논의는 앞에서 살펴보았듯이 가빈의 8가지 상품의 품질 차원과 PZB의 5가지 서비스 품질 차원으로 정리될 수 있다. 그런데 새로운 상품의 등장과 고객의 니즈 변화 등에 따라 이제는 새로운 품질의 차원에 대한 검토와 연구의 필요성이 대두되고 있으며, 그 가운데 대표적인 내용으로는 다음 페이지의 〈표2〉와 같이 10가지 차원을 제시한 본(Bohn, 2013)의 연구가 있다.

이 가운데 핵심 성능, 특징, 신뢰성과 내구성, 서비스의 편의성(서비스가능성), 심미성 등 5가지 차원은 가빈의 8가지 차원에 포함되었던 차원이며, 편의성, 리드타임, 대기시간, 개인적 이미지, 고객화, 면대면 상호작용 등 5가지 차원은 새롭게 제시된 품질의 차원이다.

<표2> 새로운 품질의 10가지 차원

핵심 성능 Core Performance	리드타임 또는 대기시간 Lead Time or Waiting Time
특징 Features	심미성 Aesthetics
편의성 Convenience	개인적 이미지 Personal image
신뢰성과 내구성 Reliability and Durability	고객화 Customization
서비스 가능성 Serviceability	면대면 상호작용 Face-to-face interaction

자료 : Bohn, Roger E.(2013), "Managing Quality", Harvard Business Publishing

- **편의성(Convenience)** 제품이나 서비스를 사용하는데 소요되는 시간의 양이나 관심의 정도이며, 편의성이 있는 제품은 한 번에 제공되는 식품 패키지, 자체 검증하는 기계 등이다.
- **리드타임 또는 대기시간(Lead time or Waiting time)** 주문과 실행 사이의 기간 또는 대기시간 등이다. 레스토랑, 응급실 또는 온라인 쇼핑몰에서의 서비스 스피드 등이며, 또한 기다리는 동안 그 상황이 고객에게 얼마나 잘 공지되는가도 여기에 포함된다.
- **개인적 이미지(Personal image)** 사용자들이 어떻게 인지하는가에 따른

것으로, 시계나 핸드백에 붙은 디자이너의 라벨이 바로 이러한 차원에 해당된다.
- **고객화(Customization)** 제품이나 서비스가 개인적인 특별한 요구사항을 충족시켜 주는 정도이다.
- **면대면 상호작용(Face-to-face interaction)** 고객과의 커뮤니케이션, 서비스 제공자에 대해 고객이 느끼는 확신성, 서비스 환경에 대한 안정감 등을 포함하는 차원이다.

이처럼 품질 차원에 새로운 내용이 포함되고 있으며, 제품이나 서비스는 이러한 새로운 차원을 중심으로 경쟁한다. 모든 고객들은 특정한 제품이나 서비스에 대한 품질 차원에 대해 각자 선호도를 갖는다. 몇 가지는 매우 핵심적인 차원이 되고, 또 몇몇은 있으면 좋은 차원이며, 나머지는 별로 신경도 쓰지 않는 차원일 수 있다. 따라서 고객 개인의 선호도와 지불의사에 영향을 미치는 특정한 품질 차원을 파악하여 이를 충족시켜주는 것이 경영자의 역할이며 지금 필요한 능력이라고 할 수 있다.

기존의 경쟁자들이 미처 충족시켜 주지 못하던 차원을 발견하여 이를 충족시켜 주면서 시장에 새롭게 등장하는 기업들을 주목할 필요가 있겠다.

예를 들면, 아마존은 전혀 새로운 차원으로 경쟁하고 있다. 그 몇 가지 차원의 예는 다음과 같다.

<표3> 품질 차원 비교

구분	상품 품질 차원	서비스 품질 차원	새로운 품질 차원	비고
연구자	가빈(Garvin)	PZB	본(Bohn)	
차원의 수	8	5	10	
차원의 구성	성능		핵심 성능	
	특징		특징	
	신뢰성	신뢰성	신뢰성과 내구성	공통
	일치성			
	내구성		신뢰성과 내구성	
	서비스의 편의성		서비스가능성	
	심미성		심미성	
	지각된 품질			
		확신성		
		유형성		
		공감성		
		대응성		
			편의성	신규
			리드타임, 대기시간	신규
			개인적 이미지	신규
			고객화	신규
			면대면 상호작용	신규
대상	상품	서비스	상품	

- **핵심 성능** : 아마존에서 책을 사는데 불과 몇 분밖에 안 걸린다. 전통적인 서점에 가서 책을 사는데 대략 30분 이상 걸린다고 하면 이는 대단한 차이라고 하겠다.
- **편의성** : 아마존에서는 매우 상세한 토픽에 대한 책도 무척 쉽게 찾아낼 수 있다.
- **고객화** : 아마존은 대략 1백만 권 이상의 책을 구비하고 있다. 개별 고객에게 맞춤형 추천과 제안을 하고 배송도 원하는 곳으로 쉽게 해준다.

반면에 아마존에서는 책의 실물을 바로 볼 수 없다는 점에서 면대면 상호작용은 다소 약하고 전통적인 서점에서처럼 마음에 드는 책을 바로 볼 수는 없고 며칠은 기다려야 한다는 점에서 신뢰성이나 심미성은 다소 부족하다. 이처럼 고객이 어떤 차원에 관심과 우선순위를 두느냐에 따라 품질의 차원 중에서 경쟁의 요소는 달라질 수 있다.

따라서 기업은 제품이나 서비스의 어떤 품질 차원을 경쟁의 주요 요소로 삼을 것인지 고객의 니즈 변화와 시장의 구조 변화를 주목하며 결정하고 대비하여야 할 것이다.

02
핵심 성능
품질의 핵심 성능을 찾아서

4차 산업혁명 시대를 맞이하여
새로운 패러다임이 등장하고 있는 이 시점에서
고객들은 어떤 핵심 성능에 보다 비중을 두고 있을지
파악할 필요가 있다.

에피소드1

한가롭게 TV 채널을 돌리던 지난 연휴에 홈쇼핑에서 얼마나 설명을 잘 하던지 무선청소기를 사고 싶은 마음이 굴뚝같이 생겼다. 나도 몰래 홈쇼핑 앱을 열고 구매를 진행하려다, 퍼뜩 정신을 차리고서는 출타 중인 아내에게 사도 되는지 물어봐야 안전하겠음을 인지하게 되었다.

앱 화면을 캡처하여 카톡으로 보내며 "필요한 거 같은데 주문해 볼까요?"라며 다소 조심스런 메시지를 보냈다. 잠시 후에 돌아온 답은 이랬다. "다른 고객들의 사용 소감을 좀 보셨나요? 배터리는 한번 충전하면 몇 분이나 사용한다나요?" 쇼호스트의 설명을 비교적 잘 들었다고 생각했는데, 바로 답을 하지 못하여 이리 저리 찾아보니, 사용시간이 참 중요함을 알게 되었다.

생활인의 관점은 참 예리하구나 하는 생각과 묻지 않고 주문

했으면 아마 반품하라는 압박을 받았겠구나 하는 생각이 들면서 자못 안도감이 들었다. 최근의 언론 보도에 따르면, 구매하려고 했던 무선청소기는 충전이 되지 않고 작동 버튼을 눌러도 빨간색 불빛만 깜빡였다고 하며, 그래서 유명 기업의 무선청소기를 구입한지 3개월 만에 AS를 받게 된 사례가 많이 있다고 한다. 주요 고장은 배터리에 있었고, 보증수리 기간 중이라 친절하게 무상으로 수리를 받긴 했지만 불과 3개월 만에 고장이 나고 또 그 원인도 석연치 않아 언제 다시 수리를 받아야 할지 모른다는 속상한 사연이었다. 이 사례는 수십 년 전 중소기업 제품에서나 있을 법한 사례가 아주 최근에 글로벌 유명 기업의 대표 상품에서 등장하였다는 점에서 주목된다.

일주일에 한번 아침에 시를 카톡으로 배달해 주는 분한테 받은 싯귀가 생각난다.

"몸의 중심은 심장이 아니다. 몸이 아플 때 아픈 곳이 중심이 된다."

이 시를 패러디 해보자면,

"무선청소기의 중심은 모터가 아니다. 고장이 났을 때는 고장 난 곳이 중심이 된다."

그러니, 그 무선청소기의 중심은 모터가 아니라 바로 배터리가 아닐까? 강력한 흡입력을 자랑하고 무엇이든 싹싹 빨아들이는 강점을 지닌 무선청소기가 배터리 문제로 동작을 멈춘 상황을 경험한 고객은 어떤 생각이 들었을까? 아마도 품질 그리고 불량이란 단어가 연관 검색어로 떠오를 것 같다.

에피소드 2

"교수님! 자주 연락 못 드려서 죄송합니다." 이렇게 시작된 통화는 십여 분이나 지속되었다. 요즘 다들 어렵다고 하는데 사업이 잘 되고 있다는 이야기를 들으니 시간 가는 줄도 몰랐다. 불과 몇 해 전 창업하여 인하대 창업보육센터에 입주해 밤낮 없이 제품 개발과 판로 개척 그리고 자금조달, 직원 채용 등 산적한 경영문제 해결을 위해 동분서주하던 그 작은 회사는 특이하게도 3명의 공동창업자가 공동대표 체제로 운영하고 있었다.

같은 건물 같은 층에서 학교의 산학협력 업무를 담당하고 있던 시절이라 늦은 밤이나 주말에도 복도에서 자주 마주치던 젊은 경영자들이었는데, 어느새 사업을 일으켜 최근에 해당 아이템이 시장점유율 1위를 달성하였다는 이야기를 들으니 무척 즐거웠다. 그래서 당장 회사로 달려가 보겠다고 했더니, 그 사이 사무실을 몇 번 이사하여 지금은 송도 신도시 연구단지 쪽에 있다고 하며 카톡으로 주소를 보내왔다. 시간 약속을 하고 달려가 보니, 꽤 큰 건물을 거의 통째로 사용하고 있었다.

전시실 겸 회의실에 마주 앉아 지난 이야기를 나누다보니 그야말로 격세지감을 느끼게 되었다. "일상을 지키다"라는 슬로건 아래 음성인식 AI 스피커와 연동되어 IoT로 작동되는 가습기와 공기청정기를 만들어 판매하는 기업으로 성장하고 있었다. 그동안 숱한 역경을 극복하면서 성장과 발전을 거듭해 오는 미로Miro라는 기업을 몇 년 만에 다시 만나는 즐거운 순간이었다.

세상에서 가장 깨끗한 가습기를 개발하게 된 동기는 바로 개발자인 서동진 대표가 아빠가 되면서 겪은 어려움을 극복하려는 생각에서부터 시작되었다고 한다. 아이에게 안전하고 건강에도 도움을 주는 공기청정기를 찾다가 아예 스스로 개발을 하겠다는 생각을 하게 되었고, 서로 다른 사업을 각자 하던 3명의 젊은이가 의기투합하여 세상에 없던 아주 멋진 그리고 착한 가습기를 만들어 냈던 것이다. 개발단계에서 회사의 초기 성장단계를 가까이에서 지켜보았던 지난 몇 년 이후의 스토리는 더욱 드라마틱 했다.

이제는 가습기 카테고리에서는 IoT와 연동되는 가장 대표적인 상품으로 미로가 자리를 잡고 있다. 홈쇼핑에서 연속 매진되는 완판 행진을 하고 있고 지속적인 연구개발로 후속 제품도 속속 내놓고 있다는 점이 참 인상적이었다. 사용자가 언제든 편리하고 깨끗하게 청소할 수 있고, 휴대폰으로 원격으로 제어할 수 있는 새로운 제품을 고객들이 선택하고 있는 상황을 보면서, 비즈니스는 참 매력적인 분야라는 생각을 하게 되었다.

이제 다른 싯귀를 또 하나 떠올려 볼까 한다.

"이름을 알고 나면 이웃이 되고, 색깔을 알고 나면 친구가 되고, 모양까지 알고 나면 연인이 된다."

아마 사용자들은 미로라는 이름의 가습기를 알고 나서 이웃이 되기 시작한 것 같다. 이제는 모양까지 알게 되어 거의 연인처럼 실내에서 미로와 함께 살고 있는 듯하다.

품질의 첫 차원 - 핵심 성능

상품의 품질을 8가지 차원으로 잘 정리하여 제시한 가빈 교수는 그 중에 첫 번째로 '성능'을 꼽았다. 그가 제시한 성능Performance은 상품의 주요 운영상의 특성으로 자동차라고 하면 가속 능력, 속도, 안전성 등이 여기에 해당된다고 설명하였다. 성능이 좋으면 품질이 좋다고 보아도 무리가 없음을 강조한 것이다.

아울러 인터넷과 디지털 시대를 맞이하여 본은 새로운 품질 차원을 10가지로 제안하였는데, 그 첫째가 '핵심 성능Core performance'이다. 그는 핵심 성능을 설명하면서 아마존을 예로 들었다. 아마존에서 책을 사는 데 불과 몇 분밖에 안 걸린다. 그런데 전통적인 오프라인 서점에 가서 책을 사는 데는 대략 30분 이상 걸리니 그 시간 차이는 대단한 것이라는 주장이다.

제품이나 서비스를 선택하여 구매하고 사용하는 일상의 생활 속에서 우리는 수많은 선택을 하고 그 결과에 대해 이런저런 판단을 한다. 좋은 선택을 하였다면 당연히 즐거움이 따르겠지만, 그 반대의 경우라면 언짢음으로 불편해 할 것이다. 그 선택의 가장 중요한 기준은 바로 성능이라고 하겠다. 그 성능은 시간과 공간에 따라 특히 고객에 따라 변화할 수 있겠지만, 그 중에서도 가장 중요한 핵심 성능을 잘 파악하여 대응하는 것이 중요함을 앞의 에피소드를 통해 이해할 수 있겠다.

무선청소기는 흡입력과 청소력이 중요하지만 배터리의 수명 역시 무척 중요한 핵심적인 성능이 아닐 수 없다. 그래서 앞서 소개한 외국의 무선청소기와 달리 우리나라의 대표적인 기업에서는 배터리를 2개 제공하는 전략으로 고객들에게 좋은 평가를 받고 있다고 한다. 배터리의 수명을 연장하고 한번 충전하여 사용 가능한 시간을 늘리는 것이 어쩌면 최선이겠지만, 그 한계를 극복하고자 여분의 배터리를 제공하는 선택은 고객들이 중요하게 생각하는 무선청소기의 핵심 성능에 아주 슬기롭게 대응한 좋은 사례라고 하겠다.

<그림2> 미로의 가습기

가습기 카테고리에서는 IoT로 연동되고 모든 음성인식 AI 스피커로 연동되는 미로의 제품이 고객들의 마음을 사로잡게 되었는데, 이것이 바로 미로 가습기의 핵심 성능으로 자리 잡고 있다. 얼마나 안전하고 깨끗하며 소음도 없고 경제적인가를 따지면서도 휴대폰으로 원격 제어가 되는가에 대한 답을 하지 못한다면, 4차 산업혁명 시대의 슬기로운 생활자의 선택을 받기는 어려울 것 같기 때문이다.

이제 어떤 제품을 또는 어떤 서비스의 핵심 성능에 관심을 가져 보자. 4차 산업혁명 시대를 맞이하여 새로운 패러다임이 등장하고 있는 이 시점에서 고객들은 어떤 핵심 성능에 보다 비중을 두고 있을지 파악할 필요가 있다.

03

특징
색다름의 시작이 특징일까

특성은 기본적인 성능에 부수적인 것이며
고객에게 뭔가를 어필하려는 것이라고 하겠다.
즉, 특징은 제품을 꾸미는 일종의
부가기능이며 옵션Bells and whistles이다.

색다른 쇼핑

신세계백화점이 한국표준협회에서 주관하는 한국서비스대상 명예의 전당에 도전을 하였을 때, 마침 심사위원으로 위촉되어 신세계백화점 본점을 방문할 기회가 있었다. 고객만족을 위한 활동과 경영방침 그리고 서비스 혁신과 표준화 등을 직접 살펴볼 수 있었다.

그 당시 서비스 혁신 리더로 매우 강렬한 인상을 주었던 신세계백화점 본사 서비스 팀장을 최근에 학회에서 다시 만났는데, SSG푸드마켓 청담점으로 자리를 옮겨서 점장으로 일한다고 했다. 그래서 그가 점장으로 근무하고 있는 현장을 방문하여 최근의 서비스 트렌드에 대해 이야기 나누며 차를 마실 요량으로 미팅 약속을 잡아 청담점으로 향했다. 내비게이션을 따라 달려가니 어느새 목적지에 도착한 듯한데, 다소 생소한 모습이 눈에 들어왔다. 바로 코너를 돌아 건물 지하로 들어가면 주차장일 것 같은데, 그 길목에 자동차들이 기다리고 있고 그 뒤로 차를 몰아가니 제복을 입은 안내직원이 다가와 SSG를 방문하느냐고 묻더니 잠시 기다리라고 한다. 그리고 잠시 후 주차장에 진입하니 역시 친절히 직원들이 안내를 하며 발렛파킹을 해준다고 한다. 물론 사전 조사를 하고 왔기에 별로 당황하지 않고 차를 맡기고 마켓으로 향했다.

만약 이런저런 사정을 잘 모르는 초행길 고객이라면 그저 식품을 파는 마켓인데 발렛을 해준다니 어지간히 쇼핑을 해야 될 것 같은 부담감도 들고 또 주차비나 발렛 비용은 얼마일지 궁금해 할 수 있을 것 같다. 그런데 여기는 모든 고객에게 100% 발렛파킹 서비스를 제공하며 주차비도 받지 않는다. 주차장이 넉넉하지 않아서 손님이 몰리는 시간대에는 다소 기다림을 감수해야 하지만 대부분의 고객들은 그 기다림도 즐기는 듯하다. 대개 마켓에 쇼핑을 하러 갈 때에 가장 중요하게 생각하는 요인은 내가 사고 싶은 좋은 물건을 사는 것이겠지만, 그 이외에 이처럼 발렛파킹을 해주는 편리함에 만족을 느끼기도 할 것 같다.

여전히 열정적으로 서비스 혁신을 이끌고 있는 점장님과의 미팅은 매우 유익하였고, 마켓에 대해서도 더욱 이해를 잘 할 수 있게 되었다. 현장에서 일어나는 일들을 정리하고 분석하면 경영 사례로 널리 활용될 만한 내용이 상당히 많이 보였다. 앞으로도 종종 방문하겠다는 인사를 뒤로 하고 다시 지하주차장으로 가서 맡겨둔 차를 찾아 주차장을 나설 때까지의 여정이 무척 쾌적하고 즐거운 경험의 연속이었다. 아마도 다른 고객들도 같은 느낌을 받은 것 같다.

마켓에 진열된 상품을 보는 즐거움도 있었지만, 정육 매장을 지날때 본 또 다른 색다른 제안에서 고객만족을 위한 남다른 노력을 하고 있다는 점도 느껴졌다. 손님이 스테이크를 두툼하게

<그림3> 원하는 두께로 만들어 드립니다

썰어달라는 요구에 직원이 생각하기에 두툼한 두께로 만들어 드렸더니 그 손님이 너무 두툼하다고 한다거나 너무 얇다고 하면 어쩌나? 실제로 이런 애매모호한 기준으로 인해서 발생하는 문제를 해결하기 위해 SSG푸드마켓 청담점 정육코너에서는 〈그림3〉 같이 안내를 하고 있다.

고객이 원하는 두께와 크기에 해당하는 모형을 미리 만들어 놓아서 고객이 그 모형의 번호를 선택하게 하여 문제를 해결하고 고객의 만족도를 높이고 있다고 한다. 이제 단골손님은 스테이크를 주문할 때에 본인이 원하는 두께의 모형을 선택하여 그 번호를 이야기 한다. 스테이크의 맛도 물론 중요하지만, 이에 더해서 그 스테이크를 어떻게 다듬어주는가도 의미가 있는 대목이다. 스테이크의 맛이 품질 차원 중에서 '성능'이라고 한다면, 원하는 두께와 크기로 만들어 주는 것은 품질의 차원 중 '특징'에 해당한다고 볼 수 있겠다.

다음은 SSG푸드마켓 청담점을 방문한 고객들이 블로그에 남긴 글 중에서 발췌한 내용이다.

"마트인데 구매 금액과 상관없이 발렛도 해주고 고객들을 위한 발렛 대기실도 있다. ㅎㅎㅎ 심지어 발렛, 주차비도 무료다."

"지하주차장 내려가면 발렛부터 다해주고 쇼핑이 끝나면

차에 짐도 실어주고... 서비스가 아주아주 투머치~~~"

"SSG는 청담사거리 근처에 위치해 있다. 지하로 내려가면 바로 발렛이 가능하고 발렛비는 무료!"

"SSG는 올 때마다 느끼지만 제품의 질에 더 초점을 맞춰 판매하는 곳이다."

마켓의 본질적인 서비스와 준비된 상품에 대한 만족은 물론 발렛파킹 서비스에 대한 언급이 상당히 많이 보인다. 게다가 발렛에 대한 긍정적인 평가가 많은 것 같다.

그렇다면 처음에 어떻게 발렛 서비스를 시작하게 되었을까? 청담점을 오픈한 건물 지하에 확보할 수 있는 주차공간이 한정되어 있어서 고객들의 불편함을 해결하기 위한 방안의 일환으로 발렛파킹을 생각해 낸 것은 아닐까? 잠시 기다리더라도 차를 맡기고 편안히 쇼핑을 하고 나서 다시 차를 찾아서 돌아가는 것에 편안함을 느끼는 고객의 마음을 미리 읽었을 것 같기도 하다.

사실 SSG푸드마켓은 프리미엄 마켓으로 선도적인 역할을 하며 새로운 개념의 서비스를 제공하는 리테일 혁신의 현장이고, 일종의 R&D센터의 성격을 갖는 곳이라는 점에서 더욱 주목되는 곳으로 유명하다. 국내는 물론 해외에서도 벤치마킹을 위해 찾아오는 그런 명소가 되었다. 가빈 박사가 제안한 품질의 8가지 차원 중에서 첫 번째 요소인 '핵심 성능'을 잘 갖추고 있는 곳인 동시에, 두 번째 요소인 '특징'도 매우 잘 보여주는 사례라고 하겠다. 즉, 이 마켓의 발렛 서비스는 특성이라는 품질 차원으로 해석된다.

품질의 두 번째 차원 – 특징

제품이나 서비스는 품질의 어떤 차원을 기반하여 경쟁하는 것인지에 관심을 기울인 종합적인 연구는 하버드대학의 가빈 교수가 정리한 8가지 품질 차원이다. 그 가운데 특징Features은 성능Performance에 이어 두 번째로 제시된 차원이다. 가빈의 정의에 따르면, 특징은 상품의 2차적인 특성(외관, 기능)이며, 자동차를 예로 들면 추가로 장착이 되는 옵션이나 내비게이션 서비스 등이 여기에 포함된다.

또 다른 품질 차원에 대한 최근 연구는 본 교수의 10가지 품질 차원이며, 여기에도 특성이 포함되어 있다. 가빈의 정의와 마찬가지로 특성은 기본적인 성능에 부수적인 것이며 고객에게 뭔가를 어필하려는 것이라고 하겠다. 즉, 특징은 제품을 꾸미는 일종의 부가기능이며 옵션Bells and whistles이다.

최근에 새롭게 출시되는 현대자동차의 신형 쏘나타에 탑재된 첨단 사양은 바로 가빈이 정의한 특징에 해당되며, 현대자동차는 이를 통해 고객의 마음을 끌어 중형 세단 쏘나타의 판매량 증대를 도모하려는 것으로 보인다.

　예를 들면, 현대자동차 출시 차량 중 쏘나타에 최초로 들어가는 디지털 키는 스마트폰으로 작동되며 쉽게 차량 문을 여닫을 수 있고 시동도 걸 수 있다고 한다. 게다가 신형 쏘나타에는 현대자동차 모델 중 최초로 내장형 블랙박스(빌트인 캠)가 들어가 있어서 별도의 블랙박스를 설치할 필요가 없다. 게다가 신형 쏘나타는 현대자동차 브랜드 최초로 내비게이션 무선 자동 업데이트 OTA가 가능하다고 한다. 즉, 정기적으로 스스로 내비게이션이 업데이트 되는 것이다.

<그림4> 새로운 내비게이션 기능
자료 : http://www.businesspost.co.kr/BP?command=article_view&num=118833

이러한 첨단 사양의 특징이 자동차의 기본적인 성능을 좌우하는 요인들은 아닐지 몰라도 적어도 차별화 포인트로 자리 잡을 것으로 보인다. 그래서 더욱 이러한 첨단 사양에 관심을 기울이는 것 같다.

연초에 미국의 라스베가스에서 열린 CES를 참관한 분들의 공통적인 관람평 중의 하나는 기존에 있던 제품에 뭔가를 붙이고 융합하여 새로운 모습을 보여준다는 것이었다. 냉장고에 IoT 센서를 붙이고, 자동차에 인공지능AI 기술이 접목되는 등 그 사례는 너무나 많이 있다. 이 또한 특징이란 품질 차원으로 분류될 수 있다. 앞에서 예를 든 현대자동차의 신형 쏘나타에는 카카오의 인공지능 플랫폼 기술인 '카카오i'가 탑재된다고 한다. 이렇게 되면 신형 쏘나타 운전자는 운전을 하면서도 말로 이런저런 일을 할 수 있게 된다. 운전생활의 또 다른 변화를 예견하게 하는 대목이다. 즉, 간편한 음성 명령만으로 다양한 비서 기능과 차량 제어 시스템을 이용할 수 있게 된다. 운전대에 있는 음성인식 버튼을 누르고 "오늘의 핫한 뉴스 들려줘", "주말 날씨 어때", "극한직업 줄거리 알려줘"라고 말하면 인공지능이 답변을 찾아 대답해주는 방식이 적용된다. 한번 시작되고 이용량이 늘어나면 점차 똑똑해지는 인공지능 덕분에 운전자는 더욱 편리한 세상을 경험하게 될 것 같다. 앞으로 자동차를 선택하는 요인이 주행성능, 안전성, 연비, 경제성 이외에 이러한 첨단 기능이 또 다른 요인으로 자리 잡을 수 있을 것 같다.

어떤 고객의 입장에서 첨단 기능이 장착되어 고급화되면서 차량 가격이 올라가서 구입하는데 부담이 생긴다고 이야기 할 수도 있지만, 또 어떤 고객은 이런 부가기능을 잘 꾸민 자동차에 보다 매력을 느낄 수도 있다.

이처럼 '핵심 성능'이란 주인공을 돕는 주연만큼 빛나는 '특징'이라는 조연이 마치 드라마를 보다 멋지게 만들어 내듯이 특징을 통해 차별화를 추구하여 성과를 높이려는 사례가 점차 많이 등장할 것으로 보인다. 그래서 앞으로는 특징을 어떻게 발현할 것인지 고민하는 기업이 보다 고객에게 더 가까이 다가갈 기회를 잡을 것으로 기대된다.

SSG푸드마켓의 발렛 서비스나 현대자동차 신형 쏘나타의 첨단 사양은 특성이라는 품질 차원으로 설명되며, 이를 통해 고객에게 보다 나은 서비스와 제품을 제공하여 경쟁자와는 차별화하여 경영성과를 높이는데 기여하는 중요한 요인이다. 이러한 점에 착안하여 기존의 제품이나 서비스에 무엇을 부가하고 융합하여 고객들의 마음을 사로잡는 품질 차원을 확인하고 적용하기 위한 노력을 기울여야 할 것이다.

04
신뢰성과 내구성
언제나 처음같이

신뢰성과 내구성은 말 그대로 변치 않고
오래가는 것을 의미한다.
예를 들면, 랩탑 컴퓨터의 평균 수명,
의약품의 안전한 보관을 위한 온도의 범위,
자동차 수리를 받은 다음에
또 수리를 받을 때까지의 기간과 빈도 등이
여기에 해당된다.

품질의 공통 차원 - 신뢰성

그동안 품질 차원에 대한 다양한 연구가 진행되었다. 기업은 품질의 우수성을 확보하여 경쟁우위를 차지하기 위해 노력하는데 도대체 어떤 차원으로 승부를 걸어야 하는지에 대해 많은 고민을 했기 때문에 이러한 연구가 진행되었을 것 같다.

언제가 방송 광고에 등장한 소형 배터리의 수명이 오래간다는 것을 증명하기 위해 방송 내내 숫자를 세면서 정말 오랜 기간 성능이 유지됨을 강조하는 모습이 상당히 인상적이었다. 수명이 길다는 것도 중요하지만 동시에 약속된 성능이 변하지 않는다는 점도 중요하다. 그래서 신뢰성과 내구성이 함께 주목을 받게 된다.

역시 가장 기념비적인 연구는 가빈의 8가지 품질 차원에 대한 제안이다. 여기서 잠시 그 내용을 살펴보면 다음과 같다.

- **신뢰성(Reliability)** : 상품이 제시된 사용 환경에서 일정 기간 동안 고장이 나지 않을 확률이며, 첫 번째 고장이 날 때까지의 기간이나 단위시간당 고장율 같은 지표로 관리된다. 자동차라고 하면 판매된 이후 처음 3개월 동안 고장을 조사하여 발표하는 J.D. Power 신차품질조사(IQS, Initial Quality Study)가 이를 반영하는 것이다.
- **내구성(Durability)** : 상품의 수명으로 기술적이며 경제적인 차원을 포함하는 개념으로, 자동차의 경우 예상되는 사용기한이다. 오래된 자동차가 기술적으로 수리가 가능하다고 하더라도 비용이 너무 많이 들어간다면 실제로는 수명이 다한 것으로 보아야 할 것이다.

이처럼 가빈은 신뢰성과 내구성을 각각 중요한 품질 차원으로 제시하였다. 개인적인 경험을 이야기하자면, 1992년 결혼할 때 아내가 혼수로 준비하여 들여놓은 냉장고가 20여 년이 지나는 동안 아무런 문제도 없고, 고장도 없이 잘 작동이 되는 것은 신뢰성과 내구성의 진수를 보여주는 예라고 하겠다.

사실 고장은 나지 않았지만, 양문형 냉장고에 얼음 정수기가 붙어있는 신제품을 구매하자는 아내의 제안이 있을 때까지 그냥 기존의 냉장고를 사용하고 있었다. 물론 김치냉장고도 이미 따로 갖추고 있어서 큰 불편함은 없었는데, 2015년 여름에 이사를 하게 되면서 신형 냉장고를 구입하게 되었다. 이런저런 항목과 특성을 고려하고 요리조리 검토해 보는 주부의 날카로운 분

<그림5> 양문형 냉장고(플러스 얼음 나오는 정수기)

석력을 발휘하여 선택한 냉장고에는 '리니어 컴프레서 업계최초 10년 무상보증'이란 마크가 붙어 있었고, 전면에 설치되어 있는 정수기 패널에도 선명하게 'Linear Compressor'가 표시되어 있었다. 10년 무상보증의 의미는 적어도 10년 동안은 거의 고장이 없을 것이라는 내구성과 혹시 고장이 나더라도 언제든지 무상으로 수리해 주겠다는 신뢰성을 동시에 보여주려는 시도라고 하겠다. 하여간 농담 같은 이야기지만, 우리나라 가전은 정말 고장이 나지 않는 것이 문제라고 핑계를 대며 아내의 신형 냉장고 구입 제안에 슬그머니 동의하였던 기억이 있다. 그런데 아내는 그동안 사용했던 브랜드를 다시 선택했다.

사실 가빈의 품질 차원에 대한 연구가 제품에 국한된 것은 아니지만, 서비스 분야의 발전에 부응하여 서비스 품질 연구가 진전됨에 따라 서비스를 위한 품질 차원에 대한 연구가 활발하게 진행되었고, 그 중의 백미는 역시 PZB라는 약자로 불리는 Parasuraman, Zeithaml, Berry 세 분의 걸출한 학자들이 오랜 노력 끝에 도출해 낸 5가지 차원 중에 하나인 '신뢰성'이다. 여기서 흥미로운 사실은 가빈이 제시한 8가지 품질 차원과 PZB가 제안한 5가지 서비스 품질의 차원 중에서 공통적인 차원은 '신뢰성'이 유일하다는 점이다. 그 내용은 다음과 같다.

- **신뢰성(Reliability)** : 약속한 서비스를 믿음직스럽고, 정확하게 수행할 수 있는 능력이다. 예를 들면, 서비스 수행의 철저함, 청구서의 정확도, 약속시간 엄수 등이 해당되며, 비행기의 정시 착륙, 우편물의 정확한 도착 시간대 등이 여기에 포함된다. 그러니 고객에게 약속한 서비스를 정확하게 수행하는 것, 고객의 기대에 대하여 올바른 방법으로 올바른 시간대에 제공하는 것을 얼마나 잘 수행하는가를 담보하는 차원이다.

우리의 일상에서 이러한 신뢰성이 무너지는 서비스를 경험할 때 고객들은 불만을 이야기하고, 이제는 혼자만 곱씹는 것이 아니고 보다 적극적으로 공유하고 확산하기 좋은 여건이 조성되어 있음에 주목할 필요가 있겠다.

탁월한 서비스를 제공하는 많은 서비스 기업들이 신뢰성을 높

<표4> 서비스 품질에서 신뢰성의 내용

신뢰성 (Reliability)	서비스 수행의 철저함, 청구서의 정확도, 정확한 기록, 약속시간 엄수, 매일매일 우편물 배달

<표5> 서비스 품질 측정 모델(SERVQUAL)에서 신뢰성의 측정 항목

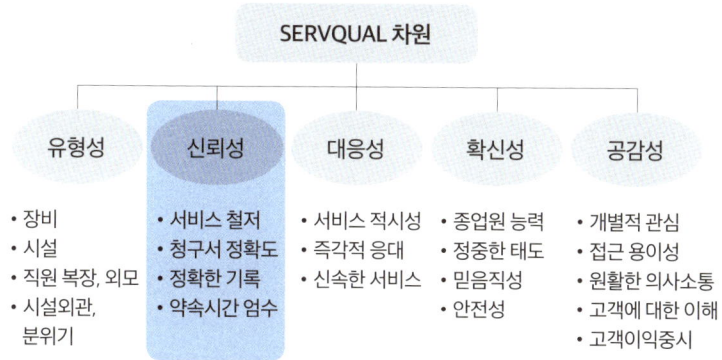

이기 위해 내부적인 역량을 강화하려 노력하며 또한 이를 제대로 전달하기 위해서 애쓰는 것을 일상에서 우리는 경험하곤 한다. 홈쇼핑에서 끌리는 상품을 구매하고, 배송이 언제 된다고 하면 그 때를 기다리게 되는데, 실제로 약속한 기한 내에 배송이 된다면 신뢰성이 있다고 느끼지만, 만약 그렇지 못하면 고객은 실망하고 불만족하게 될 것이다. 이러한 배송의 신뢰성을 담보하는 것은 실제 온라인 쇼핑에서 판매한 제품 자체의 품질 만큼이나 무척 중요시되는 것이 최근의 동향이다.

한편, 비교적 최근에 제안된 품질 차원에 대한 대표적인 연구인 본 교수의 연구 자료에 따르면, 신뢰성과 내구성은 말 그대로 변치 않고 오래가는 것을 의미한다.

- **신뢰성(Reliability)과 내구성(Durability)** : 좋지 않은 상황에서도 오랜 시간 지속적인 성능을 유지하는 능력을 의미한다. 예를 들면, 랩탑 컴퓨터의 평균 수명, 의약품의 안전한 보관을 위한 온도 범위, 자동차 수리를 받은 다음에 또 수리를 받을 때까지의 기간과 빈도 등이 여기에 해당된다.

<표6> 품질 차원 비교

구분		상품 품질 차원	서비스 품질 차원	새로운 품질 차원	비고
연구자		가빈(Garvin)	PZB	본(Bohn)	
차원의 수		8	5	10	
차원의 구성		성능		핵심 성능	
		특징		특징	
		신뢰성	신뢰성	신뢰성과 내구성	공통
		일치성			
		내구성		신뢰성과 내구성	
		서비스의 편의성		서비스가능성	
		심미성		심미성	
		지각된 품질			
			확신성		
			유형성		
			공감성		
			대응성		
				편의성	신규
				리드타임, 대기시간	신규
				개인적 이미지	신규
				고객화	신규
				면대면 상호작용	신규
대상		상품	서비스	상품	

자료 : 고객만족과 지속가능경영의 원천 - 품질경영, 유한주, 김연성, 정욱, 박민재 공저, 생능, 2019.

가빈의 연구에서는 신뢰성과 내구성을 따로 구분하고 있는데, 본의 연구에서는 신뢰성과 내구성을 하나의 차원으로 묶어서 인식하고 있다는 점이 특징적이다.

이상의 세 가지 연구에서 제시된 품질 차원을 정리하여 보면, 신뢰성만이 유일하게 세 가지 연구에서 공통적으로 제시되고 있다는 점을 알 수 있다. 그만큼 신뢰성은 중요하고도 기본적인 차원이라고 하겠다.

50년의 품질 역사와 고객 신뢰의 확보

신뢰성과 내구성의 또 다른 측면은 오랜 기간 동안 고객의 사랑을 받는다는 것이다. 믿고 좋으니까 계속 구매를 하게 되고 그러다 보니 장수하는 상품으로 정착된다. 많은 상품 중에서도 2019년에 출시 50주년을 맞은 오뚜기의 카레는 일관된 품질 향상 노력이 만들어낸 결과라는 점에서 더욱 주목된다.

1969년 출시된 오뚜기 카레가 2019년에 50주년을 맞았다. 다양한 향신료가 어우러진 이국적인 맛과 건강한 재료가 더해진 오뚜기 카레는 식탁 위에 특별함을 선사했다. 1940년경 국내에 처음 소개된 카레는 1970년대에 오뚜기에 의해 대중화됐다. 오뚜기카레는 오뚜기가 회사 설립과 함께 생산한 최초의 품목이니 회사의 역사가 바로 카레의 역사이기도 하다. 오뚜기의 역사와

<그림6> 오뚜기의 품질 50년   자료 : 한국경제신문, 매일경제신문 온라인판 화면 캡쳐

함께 시작한 오뚜기 카레는 품질 향상을 위한 끊임없는 연구 개발과 앞서가는 마케팅으로 국내 대표 자리를 지키고 있다.

50년을 이어오며 글로벌 브랜드를 누르고 시장점유율 1위를 차지할 수 있었던 비결은 바로 품질 향상을 위한 노력이었고, 좋

최고의 맛을 위한 열정

오뚜기는
보다 좋은 품질
보다 높은 영양
보다 앞선 식품을 위해
최선을 다하고 있습니다.

우수한 품질은 우수한 시설에서

우수한 시설
생산라인은
자동화된 첨단설비,
위생적인 환경을
구축하고 있습니다.

<그림7> 오뚜기의 품질 열정   자료 : 오뚜기 홈페이지(http://www.ottogi.co.kr)

은 품질을 위해서 오뚜기는 우수한 시설에서 최고의 맛을 위한 열정으로 노력하여 왔다는 점이다. 이렇게 오랜 기간 동안 고객의 사랑을 받으며 성장할 수 있었던 것은 고객의 신뢰를 얻을 수 있었기 때문인 것으로 분석된다.

신뢰성이 실력이다

LG전자의 고장 나지 않는 냉장고처럼, 50년간 사랑받아온 오뚜기의 카레처럼, 그리고 고객과의 약속은 꼭 지키려 애쓰는 롯데홈쇼핑의 배송 서비스처럼 고객에게 신뢰감을 주는 제품과 서비스는 앞으로도 계속 성장을 지속할 것으로 기대된다.

신뢰성은 어떤 제품이나 서비스에서도 가장 중요한 특성이다. 그러니 신뢰성이 그 기업의 실력이라고 하겠다. 경쟁자보다 앞서는 신뢰성을 확보하기 위한 노력이 빛을 발휘하는 기업이 더욱 더 많이 등장하길 기대한다. 과거에 이런저런 노력을 했다는 경험이나 역사를 들먹이기 보다는 미래를 위해 지금도 꾸준히 그리고 전략적으로 노력하고 있음을 제시하는 '현재진행형'의 신뢰성 확보 방안이 필요할 것이다.

05
서비스가능성
다른 건 몰라도 서비스라면

서비스가능성은 제품이 고장났을 때
서비스를 받는 속도가 얼마나 빠른가와
서비스를 수행하는 사람의 능력이나
행동이 얼마나 우수한가를
측정하는 차원이라고 하겠다.

사용 중 문제를 해결해 주는 품질 차원 – 서비스가능성

지인 중에 한 분이 분양받은 새 집에 들어가지 못하고, 몇 년을 다른 집에서 살다가 드디어 8년 만에 입주를 하게 되었다. 말끔하게 청소하고 수리하여 이사 간 집에서 생활을 하던 중 이사 후에 첫 봄을 맞은 3월에 아주 심한 미세먼지로 며칠 문을 열지 못하게 되자, 그 분은 아파트 거실에 설치된 환기장치에 관심을 갖게 되었다. 매뉴얼을 찾아 들여다보니 다행히 그 아파트에는 훌륭한 환기시설이 있어서 집안 공기를 잘 환기해 줄 뿐만 아니라 외부의 공기도 잘 걸러 주는 장치가 설치되어 있음을 알게 되었다.

그런데 문제는 지난 8년 동안 그 집에서 살던 분들은 이 장치를 거의 사용하지 않았고 그러다 보니 필터도 한번 갈지 않았던 것이다. 급히 관리실에 연락하여 상황을 파악하고 필터를 구입하려고 하니 안타깝게도 원래 설치한 업체가 원활한 교체 및 교환 서비스를 제대로 제공하지 못하는 상태여서 대안을 찾고 있던 중이라고 한다. 아마도 처음 아파트 설계와 입주 단계에서는 그 업체가 설치와 서비스를 잘 감당할 것으로 판단하여 선택이 되었겠지만, 몇 년 사이에 유지보수 관리는 소홀하게 되고 개별 수리 요청에 대해서는 대응이 어렵게 된 상황이 되었다는 것이 아파트 관리사무소에서 파악한 내용이었다.

  이처럼 환기장치 유지보수 서비스의 어려움은 제품을 사용하는 동안 고객이 경험하게 되는 불편함의 한 가지 사례라고 하겠다. 설계단계의 품질도 중요하고 양산단계의 품질도 중요하지만 고객에게 인도되어 사용되는 기간 동안의 사용 품질에 대한 불량을 비롯한 불편함에 대한 관리 또한 사용 품질 관점에서 중요하다는 것이 4차 산업혁명 시대를 맞은 품질4.0의 주요 이슈이기도 하다. 이처럼 사용 중에 발생하는 문제의 해결이 쉬운지 또 고객의 요청에 잘 대응하는지 등을 포함하는 품질의 차원을 서비스가능성Serviceability이라고 규정지을 수 있겠다.

  서비스가능성은 제품이 고장났을 때 서비스를 받는 속도가 얼마나 빠른가와 서비스를 수행하는 사람의 능력이나 행동이 얼마나 우수한가를 측정하는 차원이라고 하겠다. 서비스의 속도는 반응시간이나 수리까지 걸리는 평균시간으로 측정하기도 한다. 서비스를 수행하는 사람의 행동은 서비스가 이루어지고 난 후에 고객조사, 재수리 요구의 횟수, 서비스 불만 대응 프로세스에 대한 평가 등을 통해서 측정할 수 있다.

　물론 서비스를 받을 필요가 없도록 완벽한 제품을 만들어 놓으면 좋겠지만, 소모품의 교환이나 사소한 문의 등의 발생이 불가피하다고 하면, 이러한 일종의 사후관리 서비스를 얼마나 잘 제공할 수 있느냐와 고장이 얼마나 자주 발생하느냐 등에 대한 전반적인 측정과 평가를 통해서 품질을 평가할 수 있다는 점에서 서비스가능성은 중요한 품질 차원으로 자리 잡고 있다. 가전제품이나 생활용품에 대해서도 사용 중 불편함을 해소하기 위한 방안을 얼마나 잘 설명하고 대응하느냐에 따라 고객들의 선택이 달라질 수도 있다는 점에 주목할 필요가 있겠다.

예방보전으로 발전하는 서비스가능성

서비스가능성이라는 품질의 차원에 착안하여 아예 고장수리나 진단 그리고 문제 발생 이전에 체계적으로 점검하여 예방보전을 하는 시스템을 구축하는 회사들도 있다. 이름하야 품질4.0 시대에 예방보전 또는 예지보수를 하는 것인데, 문제가 발생하기 이전에 그 징후를 포착하여 점검하는 활동이라고 하겠다.

　늦은 밤에 지하철에서 에스켈레이터를 타려고 할 때에 수리를 하고 있는 것을 보면, 아마도 내일 아침 혼잡한 출근 시간에 고장이라도 날까 싶어서 미리 이 늦은 밤에 수리를 하고 있는 것은 아닐까 하는 생각을 갖는 것처럼, 문제가 발생하기 이전에 사전에 문제를 포착하여 개선활동을 한다면 이는 서비스가능성 측면에서 우수한 대응이라고 하겠다.

예를 들면, 현대차에서 개발한 'AI 카닥터'는 자동차 소리만 듣고도 고장부위를 척척 찾아낸다고 하니 서비스가능성을 높이는 새로운 시도라고 하겠다. 소리로 진단하는 인공지능 시스템을 구축하게 되어 이를 통해서 문제를 정확히 파악하고 문제를 바르게 해결하는 방안도 잘 찾아낸다고 하면 고객의 입장에서는

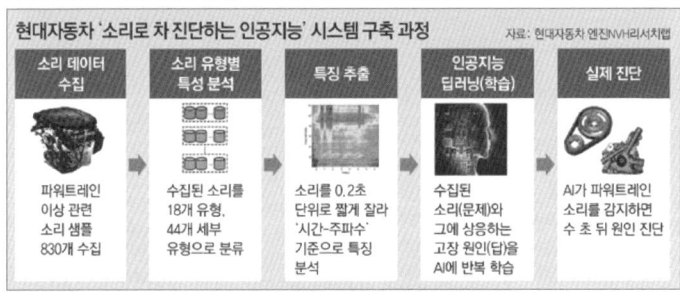

<그림8> 현대차의 소리로 차 진단하는 인공지능 시스템
자료 : http://bizn.donga.com/3/all/20180719/91136961/2

이러한 서비스를 제공하는 자동차의 품질에 더욱 신뢰감을 갖게 될 것이라는 점에서 의의가 있다.

유지보수의 새로운 해석 - 서비타이제이션

한편, 이러한 유지보수를 하나의 비즈니스 모델로 발전시킨 사례도 있다. 서비타이제이션Servitization이라고 하는 제조업의 서비스화가 여기에 해당된다.

대표적인 사례는 롤스로이스 항공기 엔진사업부에서 수행하는 시간당 동력 판매Power by the hour 비즈니스 모델이다. 롤스로이스 항공기 엔진사업부에서 제조한 엔진을 항공사에 제공하고 비행한 시간만큼 비용을 받는 일종의 사용시간 기반 사용료 부과 서비스를 구축한 사례이다.

즉, 제조업의 서비스화에 ICT를 적극적으로 활용하였고, 엔진 제품의 판매 방식을 항공운항 가동시간 기반 보증 서비스 전략으로 전환하였다. 실제 제조업의 서비스화를 실현하도록 지원하는 솔루션 제공은 엔진에 내장된Embedded 실시간 센서를 활용하여, 정보 수집이 큰 역할을 수행하게 되었고 엔진의 고장 방지, 운행시간 증대, 수리비 절감 등의 성과를 얻게 되었다.

이는 토탈 케어 서비스Total Care Service라는 새로운 서비스로 정착이 되는데 이를 위해 운영되고 있는 롤스로이스 운항 관리

소는 전 세계 4,500여 대의 엔진에 부착된 센서에서 실시간으로 보내오는 온도, 압력, 스피드, 진동 등의 데이터를 분석하여 수리 및 부품 교체 여부를 결정하며 엔진 성능을 평가한다고 한다. 이 서비스를 통해 롤스로이스는 고장을 미연에 방지하여 항공기 운행시간을 증가시켰고, 완전정비점검에 따라 고객사에 발생하던 수백만 달러의 비용과 수리비를 감축시킬 수 있었다는 분석이다.

 이 회사는 엔진 판매 대신 시간당 동력 판매로 전환하며, 효과적인 비행계획 수립 등 엔진의 효율적 이용을 위한 전문지식을 제공하게 되고, 아울러 전문인력 파견 등 적극적 사후관리 서비스를 제공하게 되어 고객의 불편함을 해소하면서 새로운 비즈니스를 추구하여 안정적인 수익도 창출하는 사례가 되었다.

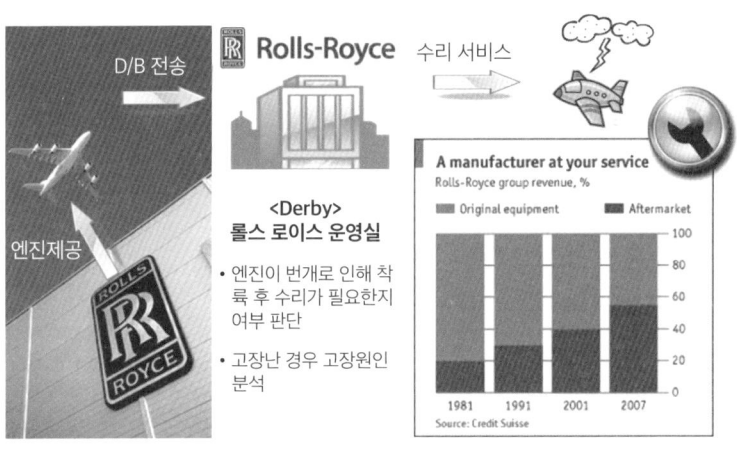

<그림9> 롤스로이스 항공기 엔진사업부의 서비타이제이션 사례
자료 : The Economist January 10th-16th 2009, pp.60-62. (www.economist.com)

거래를 넘어 관계 구축의 연결고리 - 서비스가능성

이제 고객에게 좋은 품질의 제품을 제공하는 것에서 그치는 것이 아니라 그 사용기간 동안에 발생하는 문제와 이슈에 대해서도 기업이 어떻게 대응하며 좋은 서비스를 제공할 수 있느냐에 대해서도 관심을 기울이게 되었다.

프린터를 사용하다 보면 용지도 필요하고 토너도 필요한데 우리가 원하는 것은 종이도 토너도 아니고 프린터로 인쇄한 원고이거나 복사한 그림이라고 할 때, 고장이 나지 않고 또 고장이 나더라도 무척 빠르게 수리가 가능하며 혹시 온라인으로 점검을 하여 고장을 미리 체크하여 방지하여 줄 수 있다면 사용자는 그 프린터에 대해 너무나 만족스러울 것이다. 1분에 몇 장을 프린트 할 수 있는지, 또 프린트된 컬러는 선명한지, 잔고장 없이 언제나 프린트 대기 상태를 유지하는지 등도 중요하지만, 혹시라도 고장이 발생하면 처리는 잘 되는지 또 온라인 지원은 원활한지 등도 중요한 품질차원이 될 수 있다는 점에서 서비스가능성을 다시 고찰할 필요가 있을 것이다.

그저 일회성 거래가 아닌 고객과의 관계를 구축하여 서비타이제이션을 구현하는 방법도 강구할 수 있을 것이며, 더 나아가서는 이를 구독모델과 연계하는 방안도 검토할 수 있을 것이다.

06
심미성
스스로 보기에 좋은 것

품질의 차원을 연구해 온 주요 학자들은
심미성을 주관적 차원이라는 점에서
그 중요성을 강조한다.
심미성은 관리가 어렵지만
일단 고객의 눈에 잘 맞아 마음에 들게 되면
구매행동으로 잘 연결이 되고
충성도를 높이게 하는
중요한 역할을 할 수 있기 때문이다.

제 눈에 안경이다

스코틀랜드 출신의 철학자이며 경제학자이며 역사가인 데이비드 흄(David Hume, 1711-1776)은 "사물의 아름다움은 그걸 생각하는 마음속에 존재한다Beauty in things exists in the mind which contemplates them"라고 했다. 아름다움이란 보는 사람의 생각에 달린 것이며, 이를 두고 우리는 흔히 "제 눈에 안경이다"라고 말한다. 그러니 어떤 제품에 대해서 보는 사람에 따라서 주관적인 판단을 하는 것은 어쩌면 당연한 것 같다.

품질의 차원 가운데 사용자가 제품에 대해 반응하는 일종의 주관적인 차원이며 개인적인 선호도를 반영하는 것을 '심미성 Aesthetics'이라고 한다. 심미성은 제품이 고객의 눈에는 어떻게 보이고, 느껴지며, 소리는 어떠하며, 또 맛은 어떠하고, 냄새는 어떠한가 등 오감五感으로 느껴지는 특성을 반영하는 것이다. 그러다 보니 이는 전적으로 개인적인 선호도를 반영하는 것이며, 개인적인 판단에 따라 선호도가 달라진다. 모든 사람이 어떤 냄새를 맡고 똑같이 좋은 냄새라고 느끼지 않는 경우가 있다는 점에 주목할 필요가 있다. 그래서 기업은 틈새시장을 노리고 찾아내려 한다. 이러한 품질의 차원에 대해서 모든 사람들을 만족시키려는 것은 불가능하다. 틈새시장은 제 눈에 안경을 찾아주는 역할을 하게 된다.

디자인 분야에서는 심미성을 제품을 디자인하고 만들기 위한 설계의 기본 요소 중 하나로, 색상이나 디자인, 외관의 미적 기능으로 정의한다. 즉, 아름다움을 식별하여 가늠할 수 있는 성질이다.

그렇더라도 고객들이 기본적으로 좋게 평가하는 패턴은 있기 마련이다. 제품의 심미적 우선순위는 기업의 정체성이나 브랜드 정체성 형성에 중요한 영향을 미친다. 제품의 불량이나 흠집은 심미성을 반감시키는 요소이며, 때로는 그것 때문에 제품을 선택하지 않기도 한다. 본 대로 느낀 대로 선택하고 행동하는 고객들이 있기에 심미성을 잘 파악하고 대응하면 마케팅에 꽤 도움이 될 것이다. 심미성은 성과에 영향을 미치는 주관적인 차원이다. 그러니 제품이 어떻게 보이느냐는 고객의 입장에서는 매우 중요하다.

품질의 차원을 연구해 온 주요 학자들은 심미성을 주관적 차원이라는 점에서 그 중요성을 강조한다. 심미성은 관리가 어렵지만 일단 고객의 눈에 잘 맞아 마음에 들게 되면 구매행동으로 잘 연결이 되고 충성도를 높이게 하는 중요한 역할을 할 수 있기 때문이다. 이런 점에서 가빈의 8가지 품질 차원에 심미성이 포함되어 있고, 본의 연구에도 역시 제시되어 있다. 이를 다시 정리해 보면 다음과 같다.

- **심미성(Aesthetics)** : 시각, 촉각, 청각, 미각, 후각 등 오감과 관련된 상품의 품질 차원으로 주관적이며 개인의 판단과 선호를 반영하는 것이며, 자동차의 경우 엔진소리가 조용한 것이나, 새 차에서 나는 냄새 등에 대해 고객이 주관적으로 좋은지 나쁜지 느끼는 것이다.

보기에 좋은 떡이 먹기에도 좋다

맛집을 찾아다니는 것은 일상의 즐거움이다. 동네 시장통 수제비집도 좋고 바지락 칼국수집도 즐겨 찾는 곳이다. 물론 방송에 여러 번 소개되었거나 미쉐린 가이드에 등록되어 자타가 공인하는 집도 있는데, 그렇다고 매번 찾아가는 곳마다 만족스러운 것은 아니다. 그야말로 개인의 선호에 따라 호불호가 달라지기 때문이다. 우리나라 미쉐린 가이드에 소개된 맛집을 방문해 보았을 때, 그 분위기나 음식에 대한 소개 그리고 접시에 담긴 모습이나 맛 등등이 만족도를 결정할 것이다.

"미쉐린 가이드는 참신하고도 진지한 접근방식 덕분에 20세기 동안 독보적인 베스트셀러로 자리 잡았습니다. 현재는 세계 3대륙, 30여 지역에서 레스토랑과 호텔 3만여 곳을 평가하고 있으며, 전 세계적으로 3천만 부 이상이 팔렸습니다."

<그림10> 미쉐린 가이드 소개 자료 : https://guide.michelin.com/kr/ko/about-us

같은 음식을 함께 먹더라도 누군가는 매우 만족하고 극찬을 남기지만 또 다른 누군가는 이런 점이 좋았지만 이런 것은 좀 나에게 잘 맞지 않았다는 평을 내릴 수도 있겠다. 미쉐린 가이드 서울에 소개된 레스토랑 A의 저녁식사 코스 요리 11가지 중에서 〈그림11〉과 같이 3가지만 사진에 담아 보았는데, 이 또한 주관적

<그림11> 미쉐린 가이드 서울에 소개된 레스토랑 A의 메뉴 일부

인 판단에 따라 만족도가 결정될 것이다.

한편, 고속도로 휴게소에 들리게 되거나 대학 후문쪽 편의점을 방문할 때에 필자가 지나치지 못하고 꼭 사고야 마는 아이템 중에 육포가 있다. 그 육포의 이름은 육포안심安心인데, 동원F&B에서 내 걸은 브랜드는 '상상'이며 그 뜻이 꽤 상징적이다. 포장지 뒷면 상단에 적혀진 내용을 보면, "상상ㅗㅗ이란 '제일, 최상, 최고'란 뜻으로 제일 좋은 원료를 사용하여 최상의 품질과 최고의 맛을 전달하겠다는 동원의 마음을 담은 프리미엄 브랜드입니다"라고 적혀 있고, 안심이란 한글 옆에 바로 한자로 安心을 표기한 점 등이 아주 마음에 든다. 물론 개인적으로 맛도 좋다.

정기적으로 참석하는 조찬 최고경영자 세미나가 있는데, 최근에 아침을 먹으며 뭔가 새로운 것을 발견하였다. 토스트에 버터

<그림12> 상상 육포안심安心

<그림 13> 쨈 병뚜껑 안에서 발견한 문구

를 약간 바르고 났는데, 맛있어 보이는 딸기쨈이 눈에 들어왔다. 쨈병을 열어 살살 발라 놓고 병뚜껑을 다시 닫으려는 순간, 병뚜껑 안쪽에 'LIFE IS SWEET'라고 새겨진 글귀를 보게 되었다.

순간 토스트를 한 입 물고 있었는데 한결 더 달콤한 느낌이 들었다. 다음에도 이 딸기쨈을 먹을 요량으로 벌써 휴대폰으로는 그 회사를 검색하고 있었고, 매우 오랜 전통을 지닌 유명한 회사라는 것을 알게 되었다. 맛과 향 그리고 겉으로 보이는 모습과 더불어 병뚜껑 속 글귀가 심미성을 자극하였고 그래서 구매의향을 갖게 된 사례이다.

그 밥에라도 다른 나물로 : 전통의 가전에 혁신의 옷을 입히다

LG전자의 초超프리미엄 가전 LG 시그니처가 설치된 매장을 방문할 기회가 있었다. 초프리미엄 키친과 쿠킹 스튜디오 등으로 구성된 LG 시그니처 키친 스위트 빌트인 쇼룸에서 새로운 제품도 구경하고 쉐프의 요리 모습도 보면서, 가전제품이 어떻게 변신하고 발전하며 가구와 콜라보를 하여 새로운 제안을 고객들에게 하는가를 이해하는 좋은 계기가 되었다.

초프리미엄 키친은 캐치프레이즈가 "키친, 완벽한 조화는 예술로 변화한다"이다. 스타일이 다른 국내외 최고급 주방 가구와 만난 시그니처 키친 스위트만의 프리미엄 빌트인 공간을 통해서, 다양한 실제 라이프씬을 통해, 미리 보는 키친 라이프가 새로운 주방문화의 기대감을 실현시켜 준다는 것이 핵심 개념이다.

한편, 공간을 예술의 가치와 경험으로 채운다는 쿠킹 스튜디오는 요리를 위한 모든 것이 완벽하게 갖춰진 프리미엄 쿠킹 클래스에서 예술적 감성을 일깨우는 창의적인 아트 쿠킹Art of Cooking을 배울 수 있음을 강조한다. 시그니처 키친 스위트와 LG DIOS 빌트인을 마음껏 사용하며 유명 하우스 셰프의 전문 레스토랑 레시피와 감각적인 플레이팅을 핸드온 방식으로 직접 배우고 요리하며, 다이닝룸에서 럭셔리한 식사까지 모든 것을 풀코스로 즐길 수 있는 경험의 세계를 창출하고 있다.

여기에는 냉장고, 전기오븐, 전기레인지, 후드, 식기세척기가 실제 주방에 설치된 듯한 모습을 볼 수 있다는 점이 특징적이다. 쇼룸에서 보는 모든 제품은 생활을 예술로 만들어 주는 소재가 되는 것 같다. 냉장고와 전기오븐이 우선 보기에도 좋고 고객의

<표7> LG 시그니처 키친 스위트 빌트인 쇼룸의 주요 제품

구분	내용
냉장고	감성 디자인으로 다양한 사이즈의 초프리미엄 가전 고품격 빌트인 주방을 완성시켜주는 컬럼냉장고
	디자인부터 성능까지 완벽한 진정한 프리미엄 가전 Full 스테인리스 얼음정수기냉장고
전기오븐	명품가전을 완성하는 Full 스테인리스 디자인의 전기오븐
전기레인지	동시에 여러 요리가 가능해서 요리의 즐거움을 느낄 수 있는 전기레인지
후드	조용하고 스마트하게 쾌적해지는 주방을 만드는 후드
식기세척기	스팀세척은 물론 살균까지 완벽한 식기세척기

공간에 맞게 맞춤형으로 설계되고 설치될 수 있다는 점에서 그야말로 고객의 마음에 꼭 들게 할 무기를 장착한 것 같다. 식상하고 변화가 없는 현상을 보고 "그 나물에 그 밥"이라는 속담을 인용하기도 하는데, 여기서는 같은 밥일지언정 조금 다른 나물을 내오는 것처럼 전통의 가전 아이템에 혁신의 옷을 입혀서 변신을 시도하여 좋은 반응을 일으키고 있다는 점에서 성능, 특성 등 다른 품질 차원은 물론 심미성 차원에서도 매우 의미 있는 차별화 포인트를 발휘하고 있는 사례라고 하겠다.

고객마다 눈이 다르니 안경도 달라야 하고, 보기에 좋은 떡이 먹기도 좋다고 하니 보기 좋게 만들어야 하며, 혹시 같은 밥이라도 다른 나물로 변화를 주어 혁신하는 것은 심미성 차원에서 매

초프리미엄 빌트인 가전 생활이 예술이 되다. 최고의 재료에서 최선의 플레이팅까지 요리사의 장인정신을 담아 예술로 탄생하는 시그니처 디쉬처럼 최고의 소재부터 완벽한 마감까지 장인정신을 담은 디자인, 최고의 요리를 완성시키는 혁신적인 성능, 상상하지 못했던 편리함을 더하는 스마트 기술, 이 모든 것을 담은 완성작을 우리는 시그니처 키친 스위트라 부릅니다. 지금까지 보지 못했던 초프리미엄 빌트인 가전으로 당신의 요리, 당신의 주방, 당신의 생활은 예술이 됩니다.

<그림14> LG 시그니처 키친 스위트 빌트인 쇼룸
자료 : https://www.lge.co.kr/kr/business/signaturekitchen/signaturekitchenMain.do

우 중요하고도 의미 있는 시도라고 하겠다. 가전이나 식품 산업이나 외식 산업 등 제조와 서비스 모든 분야에서 심미성이란 차원에서 강점 발휘에 능한 혁신 기업이 계속 등장하길 기대한다.

07
편의성
기다림도 불편함도 없는 완벽함

제품이나 서비스를 사용하는데 소요되는 시간의
양이나 관심의 정도이며, 편의성이 있는
제품의 사례로는 한 번에 제공되는 음식 패키지,
자체 검증 기능이 있는 커피머신 같은 기계 등이다.
보다 더 편리한 서비스의 예로는
온라인 뱅킹 같은 것이 있겠다.

편함이 경쟁력이다

올바른 일을 올바르게 한 번에 제대로 하는 직원이 있다면 그를 두고 '보배' 또는 '인재'라고 부를 것 같다. 그런 이는 아주 단순한 복사를 하는 일이라도 어떤 목적으로 왜 복사를 몇 장이나 어떻게 해야 할지 생각하여 단번에 제대로 해 올 것 같다. 복잡한 문제도 새로운 방법을 적용하여 깔끔하게 해결해 낼 것 같다.

 올바른 일을 올바르게 하는 것을 무엇이라고 부르면 좋을까? 품질의 대가들은 이것이 바로 '품질'이라고 정의하기도 했다. 먼저 하는 일이 옳아야 하는데 이것은 전략적 차원의 판단이 필요한 것이고, 다음으로 일을 올바르게 하는 것은 전술적인 차원에 속할 것이다. 고객의 입장에서는 이런 서비스를 받는다면 그야말로 크게 반길 것 같다. 왜냐하면 참 편리하고 좋을 것이기 때문이다. 여러 번에 할 일이 단번에 이루어지는 것도 좋을뿐더러 원하는 것을 편하게 제공하는 것은 더욱 반길 일이기 때문이다.

　이렇게 탄생한 편리한 서비스는 우리 주변에 이미 자리를 잡고 있다. 학교 연구실에서 나와서 광역버스를 타러 갈 때, 가장 허탈할 때는 횡단보도를 건너려 기다리고 있는데 길 건너편에서 그 광역버스가 지나갈 때이다. 조금 더 달렸으면 저 버스를 잡을 수 있었는데 말이다.

　같은 상황에서 언제 광역버스가 그 정류장에 도착하는지를 알 수 있다면, 그 시간에 맞춰 연구실을 나와서 여유롭게 횡단보도를 건너 잠시 숨을 고르면 어김없이 그 버스가 그 정류장에 정차하여 틀림없이 원하는 시간에 버스를 탑승할 수 있을 것이다. 이제는 대부분이 버스 도착을 알려주는 앱을 이용하고 있는데, 바로 이런 편리함은 앞에서 언급한 품질의 정의에도 꼭 맞는 것 같다. 게다가 편리하니 한번 사용하게 되면 반드시 다시 찾게 되는 것 같다. 이와 같이 전철을 타거나 자동차를 이용하거나 이제는 앱을 이용하게 된다. 때로는 도착정보를 공유하는 서비스도 있어서, 지금 어디쯤 있는데 그 약속 장소에는 몇 분쯤 후면 도착할 것 같다고 구구절절 이야기 하지 않아도 된다.

　자꾸 편안한 것만을 찾다보면 조금 불편한 것에도 무척 당황하게 되는 것 같다. 송금을 하거나 공과금을 내기 위해 은행의 지점에 가서 줄을 서 본 경험이 있는 분들은 요즈음 인터넷뱅킹이나 모바일뱅킹이 얼마나 편리한지 금방 비교를 할 수 있을 것이다. 그런데 처음부터 모바일뱅킹을 사용한 분들은 그 이전의 불편함은 경험하지 못한 일이고 다른 서비스에서 제공하는 보다 편리한 기능과 프로세스를 연상하며 좀 더 편안하고 안전한 거래를 기대할지 모른다. 그러다 보니 공인인증서가 없어도 이용이 가능한 새로운 금융서비스를 제공하는 앱이 등장하여 큰 성공을 거두고 있는 듯하다. 이 모든 것이 단번에 제대로 아주 깔끔하게 또 쉽게 일을 처리해 주는 새로운 서비스 덕분인데, 이를 두고 품질의 차원에서는 편의성이라고 부른다.

- **편의성(Convenience)** : 제품이나 서비스를 사용하는데 소요되는 시간의 양이나 관심의 정도이며, 편의성이 있는 제품의 사례로는 한 번에 제공되는 음식 패키지, 자체 검증 기능이 있는 커피머신 같은 기계 등이다. 보다 더 편리한 서비스의 예로는 온라인 뱅킹 같은 것이 있겠다.

참 쉽고 편리한 제품과 서비스가 이처럼 품질의 차원으로 자리 잡고 있다. 다른 말로 하면 편리함이 경쟁력의 원천인 셈이다. 이런 점에서 마켓컬리의 샛별배송 서비스는 참 편리한 서비스이다. 2015년 5월 21일에 처음 사업을 시작한 마켓컬리의 시작은 작은 스타트업이었다. "밤 11시 전에 주문하면, 다음날 아침 7시까지 배송한다"는 '새벽배송' 서비스를 주 무기로 틈새시장을 공략한 마켓컬리는 2019년 6월말 기준으로 회원 수 200만 명, 일평

<그림15> 마켓컬리 새벽배송   자료 : 비즈트리뷴(http://www.biztribune.co.kr)

균 주문량 3만~4만 건을 소화하는 직원 수 200여명의 기업으로 성장했다. 여러 가지 성장의 비밀이 있겠지만, 그 중에 하나는 고객에게 편리함을 제공한다는 점일 것이다. 창업 첫해인 2015년의 매출액이 29억 원이었는데, 2018년에는 1,570억 원을 달성하여 거의 50배 이상 증가하였으니, 고객들이 원하는 서비스를 제대로 찾아 제공한 결과라고 하겠다.

해외의 기업 사례 중에도 이와 유사한 서비스가 많이 있다. 아마존은 아마 전혀 새로운 차원으로 경쟁하고 있는 기업인 것 같다. 그 중에서도 편의성은 무척 두드러진다.

아마존에서는 어쩌면 없을 듯한 아주 상세한 토픽을 다루는 책도 무척 쉽게 찾아주기 때문이다. 물론 책만 파는 것은 아니며, 고객에게 편리함을 제공한다는 점에서는 매우 탁월하다. 주문하면 원하는 곳을 쓱 배송해 주고, 내가 원하는 것을 나보다 더 잘 아는 듯한 무언가가 그 안에 있는 듯한 착각을 갖게 되기도 한다. 아마 이런 사례는 일상에서 너무나 많이 등장하고 있어서 익숙할 것 같다.

또 다른 예로는 구독서비스에서 찾을 수 있다. 영국에서 시작된 그레이즈Graze라는 회사는 고객에게 제공하는 서비스 자체에 시장 조사가 포함된 신속 생산 공장이 포함되어 있다. 이미 구독 박스 서비스 안에 시장 조사가 포함되어 있기 때문이다. CEO 앤서니 플레처Anthony Fletcher, "나는 휴대전화를 통해 공급량, 유통업체, 패키징 등 공장 관련 업무를 모두 처리할 수 있습니다. 우리가 출하하는 모든 박스는 오직 한 사람만을 위한 것입니다"라고 강조한다. 그래서 스낵박스 배달 서비스로 처음 사업을 시작한 그레이즈는 오늘날 다양한 소매매장과 전자상거래, 소비자 직판 등을 전개하는 다중채널 브랜드로 성장했다. 그 성공 비밀 중에 하나도 고객에게 편의성을 제공한다는 점이다. 기숙사에서 생활하는 대학생이 간식을 조달하는 새로운 방법으로 그레이즈 홈페이지에 들어가서 자기 어카운트를 만들고 자신이 원하는 간식을 선택하면 알아서 스낵박스를 원하는 곳으로 배송해 주는데, 한번 먹어보고 마음에 들면 다시 주문을 하겠지만, 그렇지 않으면 주문을 하지 않게 되니 주문 자체에 시장조사가 포함되는 셈이고 주문을 받은 후에 생산을 하게 되니 고객의 니즈에 신속히 반응하는 생산을 하게 되는 것이다. 이를 두고 소셜 매뉴팩처링Social manufacturing이라고 부르기도 한다. 이미 십년 전에 "앞으로 사용자들 아이디어로 만들어진 제품이 팔리는 소셜 매뉴팩

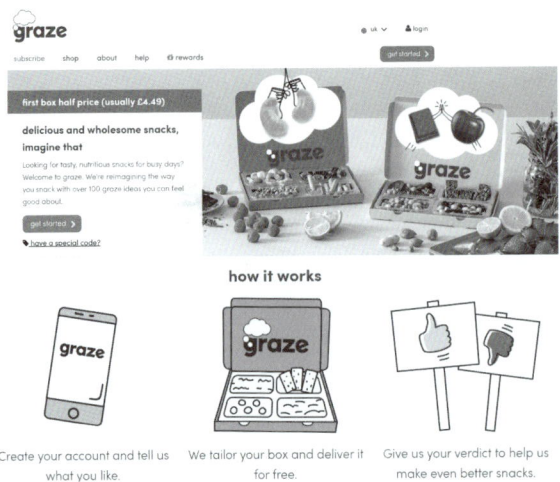

<그림16> 그레이즈 : 간식을 구독하다   자료 : https://www.graze.com/uk/

처럼 시대가 올 것이다"라는 예측이 제11회 세계지식포럼에서 언급되기도 했으니 새삼 놀라운 일은 아니지만, 이제는 정말 고객이 원하는 제품이나 서비스를 기획하고 생산하고 공유하고 소비하는 시대를 맞이한 것 같다.

참 쉽게 길을 찾는다

최근 4차 산업혁명 시대를 맞이해 국내 한 통신회사는 과거의 비즈니스 영역을 3가지로 정리한 MIT를 새롭게 정의하려고 노력하고 있다. 그 회사에서는 어쩌면 현재까지 모바일Mobile, 인터넷Internet 그리고 텔레비전TV에 안주하고 있는 것 아닐까 스스로 걱정하면서 새로운 MIT를 찾아 나서고 있는데, 그 핵심에 고객이 있음은 물론이다. 예를 들면, 새로운 M은 MaasMobility as a Service로 자율주행자동차에 적용되는 기술과 서비스를 5G 환경에서 구현하는 것이라고 한다. I는 4차 산업혁명 시대의 주요 기술 중의 하나로 각광을 받고 있는 IoTInternet of Things로 생각하고 있는 듯하며, T는 기술이 아니라 오히려 인재Talent에 초점을 두려 하는 것 같다.

세계적인 기업들이 최근에 아이디어가 좋고 잠재력이 있어 보이는 박사과정 학생들에게 여름 인턴을 제안하면서 월 1만 달러를 지불하기를 전혀 꺼리지 않으며 게다가 한 달 호텔비로만 추가로 8천 달러를 준다고 한다. 인턴 한명에 우리 돈으로 한 달에 거의 2천만 원씩을 쓰고 있어서 왜 그런 일을 하느냐 물었더니, 그 중에 똘똘한 아이디어 하나만 얻어도 남는 장사라고 한단다.

과거에는 협력회사나 주변의 회사에서 새로운 아이디어를 공급받았다고 하면, 이제는 새로운 비즈니스 환경에 직면하면서 과거에 없던 새로운 일을 하게 되다보니 기존의 공급사로부터 얻을 수 있는 것에 한계가 있어, 차라리 새로운 벤처기업이나 스타트업에서 소싱을 하려는 경향이 강해지고 있다고 한다. 그러다 보니 기술도 중요하지만 그 기술을 만들어 내고, 이를 통해 구현될 미래를 상상하여 그려내는 인재가 점차 중요해 진다고 하겠다.

이제 새로운 MIT를 통해서 사람들은 점점 더 편리한 서비스와 제품을 경험하게 될 것이다. 예전의 내비게이션과 최근의 내비게이션 앱을 비교해 보면 금방 그 변화를 실감할 수 있을 것이다. 예전의 내비는 그저 입력된 길을 안내해 주는데 그 목적을 두고 있었다면, 새로운 내비는 실시간으로 경로 상의 교통량을 파악하여 보다 빠른 길로 안내를 하게 되어 있다. 이런 새로운 앱을 만들어 내는 원동력은 결국 인재이며 그 인재를 돕는 새로운 기술이 사람의 상상력을 현실화 하는데 도움을 주고 있는 셈이다. 게다가 데이터가 계속 쌓이다 보면 보다 나은 서비스를 제공할 수 있는 지식이 생기게 될 것이다.

대개의 비즈니스 세계에서는 새로 만나는 상대방에게 자신을 소개하면서 명함을 건네게 된다. 그렇게 명함을 주고받은 후에 그 명함에 나타난 성함, 소속, 직급, 전화번호, 이메일 등을 꼼꼼하게 입력해 두기 위해 누군가는 열심히 입력을 하여야 했다. 혹시 입력을 해두지 않으면 찾기도 쉽지 않고 무심코 걸려온 낯선 번호에 당황하기도 할 것이다. 이런 니즈를 반영하여 등장한 명함 입력을 해주는 앱은 정말 너무나 편리한 작품이라고 많은 이용자들이 말한다. 이제는 명함을 받으면 그 앱을 가동하여 촬영을 하기만 하면 얼마간의 시간이 흐르면 그 명함이 주소록에 자동으로 입력이 되었다는 메시지를 받을 수 있다. 그러니 이 앱을 사용하지 않던 시절에 비해서 사용 후에 보다 많은 명함을 저장하게 되고, 연락도 자주 취할 수 있게 된다. 편리성 덕분에 이 앱은 점점 더 이용자가 증가하고 그러다 보니 새로운 연결 서비스로 확장해 나가고 있다. 이 스토리는 바로 '리멤버'라는 명함앱에 관한 것이다. "리멤버는 '사람과 사람'을 연결하는 플랫폼이다. 앞으로는 '사람과 기회'를 연결하는 플랫폼으로 확장할 계획이다"라고 정현호 드라마앤컴퍼니 리더는 포부를 밝히고 있다.

아니나 다를까 최근에는 경력직 인재검색서비스 '리멤버 커리어'를 출시했다. 리멤버 커리어는 경력직 인재를 기업 인사팀이나 헤드헌터가 직접 찾아볼 수 있는 서비스라고 한다. 리멤버 사용자들은 프로필을 등록하기만 하면 채용 제안을 받아볼 수 있다는 점에서 주목된다.

스마트라는 이름 붙이기

4차 산업혁명을 일컬어 디지털 전환Digital Transformation이 이루어지는 혁명이라고 설명한다. 이 변화는 과거의 산업혁명에 비해서 그 속도는 10배, 범위는 300배, 영향력은 3,000배 더 강하다고 한다. 그 정확한 수치야 좀 더 따져 봐야 하겠지만, 그 방향에 대해 토를 달기는 쉽지 않을 것 같다. 그야말로 모든 것이 변화하고 있는 시대를 맞이한 것 같다.

관련하여 최근에 가장 많이 언급되는 몇 가지 개념들이 있는

산업혁명과 비교했을 때 지금의 변화는
속도에서 **10**배 더 빠르고,
범위에서 **300**배 더 크고,
그 영향력은 **3,000**배 더 강하다.

<그림17> 새로운 시대의 특징   자료 : http://www.yes24.com

데, 전통적인 공장이 이제는 스마트공장으로 변신할 것이라는 주장이다. 아니 이미 스마트공장이 속속 등장하고 있고, 정부에서도 제조업의 경쟁력을 높이기 위한 방안으로 스마트공장을 육성하는 정책을 꾸준히 추진해 나가고 있다. 독일 인더스트리 4.0에서 스마트공장은 실세계와 사이버 세계가 긴밀하게 연결된 사이버-물리 시스템을 통해 제조공장의 모든 요소를 완전자동화하고 최적화하는 것이라고 설명하였다. 우리나라의 경우에 산업통상자원부는 스마트공장을 '제품의 기획·설계, 생산, 유통·판매 등 전 생산과정을 정보통신기술ICT로 통합해 최소 비용·시간으로 고객맞춤형 제품을 생산하는 공장'으로 정의하고 있다. 전체적인 의미 면에서 독일과 한국이 스마트공장에 대해 내린 정의는 유사하다고 볼 수 있으나, 우리나라의 정의는 고객맞춤형 제품 생산을 명시했다는 차이가 있다. 스마트공장이 되면 과

연 무엇이 좋아질 것인가에 대해 궁금해 하는 분들이 많이 있는데, 그 핵심에는 품질의 향상과 생산성의 향상이 있다고 한다.

다음의 기사에서 제시된 내용에 따르면, 지금 중소기업 가운데 불량이 언제, 어느 공정에서 발생하는지 제대로 파악하는 곳은 많지 않다고 한다. 그렇다 보니 많은 기업에서 불량품 폐기가 일상화돼 있다. 하지만 스마트공장 시스템이 구축되면 불량품이 발생한 공정을 찾아 즉각 개선할 수 있다. 불량률이 줄어들고 생산성이 크게 향상된다는 것이다. 어떻게 불량의 감소와 생산성 향상을 동시에 이룩할 수 있을까?

그 비결은 바로 처음부터 단번에 제대로 올바른 일을 올바르게 하는 것이다. 이것을 앞에서 품질이라고 정의한 내용을 소개하였다. 그리고 그 핵심에 편의성이 자리 잡고 있다. 이런 점에서 편리함을 추구하는 고객들에게 맞춤형으로 편리한 제품과 서비스를 제공하는 기업들이 점차 증가할 것으로 기대된다.

[편집국에서] 스마트공장 구축의 오해와 편견

입력 2019.04.03 17:54 | 수정 2019.04.04 00:14 | 지면 A34

단순히 인력을 기계로 대체하는
'공장 자동화'와는 개념 달라
불량공정 실시간 추적해 해결

김진수 중소기업부 차장

정부가 지난해 말 2022년까지 3만 개 중소기업에 스마트공장을 구축하기 위한 '중소기업 스마트 제조혁신 전략'을 내놨다. 근로자 10인 이상의 제조기업 6만7000여 개 중 절반가량의 공장 혁신을 지원하기로 했다. 하지만 스마트공장 개념을 제대로 이해하는 중소기업인은 많지 않다. 공장

<그림18>
스마트공장과 품질의 향상
자료: https://www.hankyung.com/article/2019040378071

08 리드타임과 대기시간
기다림의 스마트화

기다림을 해결하고 리드타임을 줄이기 위해서
그동안 많은 기업은 스스로 뭔가를 해결하려
노력하는 만들기Make 방식을 채택해 왔다면,
앞으로는 다른 곳에서 구매하기Buy나
다른 이와 함께 공동으로 추진하기Partner, Invest, Break를
고려해 볼 필요가 있겠다.

상쇄(相殺)에서 상보(相補)관계로 전환

품질이 좋은 제품을 생산하기 위한 시도와 노력은 지난 200여 년 동안 눈부시게 발전해 왔다. 코런은 그 발전 과정을 제품의 다양성과 종류별 제품이 생산량을 기준으로 그린 하나의 도표로 설명하고 있다.

산업혁명이 시작된 이래 컨베이어벨트 시스템의 등장과 헨리 포드의 모델 T 자동차 생산방식이 정착되기까지는 수작업 생산이 주도적이었지만, 공업의 발전으로 대량생산 시대가 열렸고, 인터넷과 디지털 기술의 발전을 통해 맞춤형 대량생산이 가능하게 되었다. 그리고 최근에 진전되고 있는 4차 산업혁명으로 개인화라는 전혀 새로운 생산방식이 등장하고 있다. 여러 가지 다양한 제품에 대해서 개별 고객의 요구에 맞추어 생산을 할 수 있는 기업이 고객의 사랑을 받는 시대가 되었다.

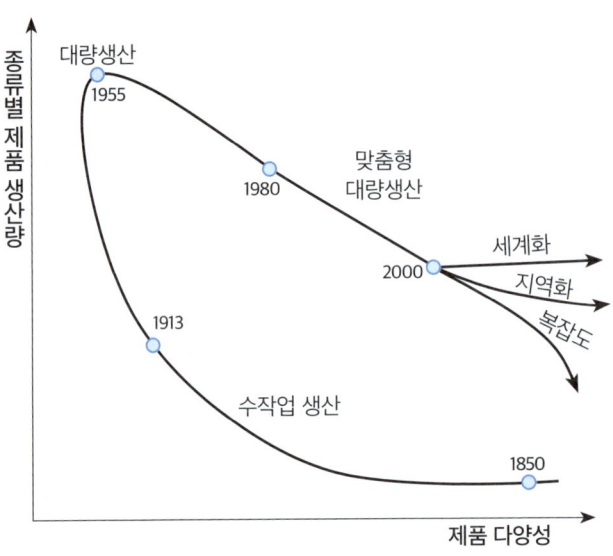

<그림19> 생산방식의 발전
자료 : Koren, Y.(2010), The Global Manufacturing Revolution -Product-Process-Business Integration and Reconfigurable Systems, Hoboken, NJ, Wiley

얼마나 많은 제품을 얼마나 많이 만들어 낼 수 있는가의 경쟁은 이제 새로운 양상을 맞이하는 듯하다. 함께 공존할 수 없을 것 같아 보이던 일이 점차 동시에 진행되는 경우가 생기기 때문이다. 게다가 스마트공장의 시대를 맞이하여 고객이 원하는 제품을 단 하나라도 만들어 낼 수 있는 가능성이 열리고 있기 때문이다.

상쇄相殺관계Trade-off라는 개념은 동시에 달성하기 어려운 두 가지 목표가 있을 때, 어느 하나를 선택하고 또 다른 하나는 희생하는 경우에 잘 적용된다. 다품종소량생산이나 소품종대량생산은 상쇄관계를 설명하기에 적합하다. 그런데 다품종대량생산이나 소품종소량생산이 가능하고 경제적으로도 보상받기에 충분하게 된다면, 상쇄관계를 극복하는 새로운 생산방식이 적용되는 사례라고 하겠다. 이는 스마트공장에서 구현되기 시작한 새로운 생산 패러다임으로 상쇄를 넘어 상보相補를 실현하는 것이다.

전통적인 생산의 주요 전략변수에는 품질Quality, Q과 원가 Cost, C, 배달Delivery, D, 유연성Flexibility, F 등이다. Q와 C 그리고 D와 F 사이에는 상쇄관계가 있다. 무언가 하나를 얻으려면 또 다른 하나를 손해 봐야 하는 상황이 생기게 마련이다. 이런 한계를 극복하고 상보관계가 적용되는 새로운 생산 방식을 도입한 대표적인 사례는 이탈리아의 럭셔리 자동차 메이커인 마제라티의 새로운 공장이다. 여기서는 불량이 발생하지 않게 하며 납기도 빠르게 하고 그러다 보니 비용도 낮아지고 동시에 고객들이 원하는 옵션을 맘껏 선택하게끔 한다.

이러한 상보관계의 등장으로 그동안에는 품질과 양립되기 어려웠던 배달(납기, 스피드 등)이란 개념이 품질 안으로 들어오는 계기를 맞게 된다. 천천히 잘 하는 것은 물론이고 빨리하면서도 실수도 실패도 없는 완벽한 품질의 달성이 이론적으로는 물론 실제적으로 가능하게 되는 새로운 패러다임이 등장하게 되었기 때문이다.

품질 안에 들어온 대기시간

대개의 고객은 기다림을 피하고 싶어 한다. 특히 불필요한 기다림이라면 더욱 그렇다. 다른 조건이 다 같다면 조금 더 빠른 서비스나 기다림을 없애주는 경우를 고객은 좋아한다. 그러니 어떻게 하면 고객의 기다림을 줄이거나 아예 없앨 것인가를 고민하게 된다. 대기시간 또는 리드타임은 이런 점에서 좋은 서비스에서 갖춰야 할 조건이었다. 신제품을 개발하는 시간이나 상대적으로 더 짧은 시간 내에 납품을 할 수 있는 능력은 제조업에서의 기다림이라고 하겠다. 이 또한 고객은 점점 더 중요하고도 필요하게 느끼고 판단하는 기준이 되고 있다.

이런 패러다임의 변화에 착안하여 본 교수의 10가지 품질 차원에서는 리드타임(또는 대기시간)이 포함되었다. 매우 시의적절하고도 전략적인 차원이 될 가능성이 높다는 점에서 주목된다.

- 리드타임 또는 대기시간(Lead time or Waiting time) : 주문과 실행 사이의 기간 또는 대기시간 등이다. 또 다른 사례로는 레스토랑, 응급실 또는 온라인 쇼핑몰에서의 서비스 스피드 등이 여기에 포함되며, 또한 기다리는 동안 그 상황이 고객에게 얼마나 잘 공지되는가도 여기서 고려되어야 하는 사항이다.

기다림을 줄이기 위한 기업의 노력과 경쟁은 다양하다. 기다림 없는 서비스를 찾아 이용하려는 고객들의 만족을 이끌어내기 위한 다양한 방안이 마련되어 왔다.

이와 관련된 식당의 예를 하나 소개하며 다음과 같다. 인천 구월동에 있는 24시간 해장국집에서 매주 일요일 아침에 가족모임을 하는 중소기업 사장인 J씨는 송도 신도시의 집에서 출발을 할 때 전화로 해장국을 주문하고 도착하자마자 식사를 시작한다고 한다. 대략 집에서 식당까지 자동차로 15분 정도 걸리는데, 어쩌면 여유 없어 보일지 몰라도 시간을 쪼개 써도 모자랄 중소기업 사장이라 그런지 일요일 아침만큼은 가족과 함께 식사를 하고 그 이후에 각자의 볼 일을 보러 간다고 한다. 어떤 날에는 대학생 아들의 여자 친구도 함께 만나고 또 어떤 날에는 부부만 가기도 하지만 일요일 아침은 J씨에게 가족과 함께하는 소중한 시간이다. 그래서 찾아낸 장소가 바로 그 24시간 해장국집이다.

예약을 받아주고 또 도착시간에 맞춰 식사를 준비해 줄 수 있는 역량이 단골식당이 된 매력이자 우위요건이라고 할 수 있고, 또 본이 제안한 품질의 차원인 '리드타임'이라고 하겠다. 물론 해장국 맛도 좋고, 주차공간도 충분하며 식당 주인은 물론 직원들도 친절하기도 하지만 그곳을 찾게 만든 가장 큰 요인은 기다림 없이 가능한 일요일 아침 식사라는 점이다. 그런데 문제는 J씨 같은 단골손님이나 이런 서비스를 누릴 수 있다는 점이다. 이 해장국집에서 누구에게나 이런 서비스를 이용할 수 있게 하려면 그야말로 혁신이 이루어져야 한다. 마치 스타벅스의 사이렌 오더처럼 미리 주문하고 기다림 없이 커피를 마실 수 있는 것처럼 말이다.

기다림의 문제를 해결하기 위한 서비스 기업의 노력은 여러 가지로 발전되어 왔다. 경쟁이 치열해지면서 지나친 기다림 또는 심지어 오래 기다릴 것 같은 느낌을 갖는 것만으로도 고객은 다른 곳을 찾아 가게 되어, 결국 기업 입장에서는 매출이 감소될 수 있다. 길게 늘어선 줄을 보고 마시고 싶던 버블티를 포기한 경우가 있지 않은가? 그러니 기업에서 판매 감소를 피하려면 우선 도착하는 고객에게 기다리는 줄이 안 보이게 하는 방안도 있다. 어떤 식당의 경우에 기다리는 고객을 위한 장소를 따로 마련해두기도 하고 모바일로 번호표를 갖고 있게 하기도 한다. 디즈니랜드 같은 놀이동산은 안쪽의 기다리는 줄을 볼 수 없게 바깥쪽에서 표를 판매한다. 아니면 기다림을 다른 방식으로 해결할 수 있을까?

한 청년이 만든 고마운 시스템 덕에 맛집에 늘어선 줄이 훨씬 줄어들고 있다. '나우버스킹'의 전상렬 대표 그리고 그가 만든 '나우웨이팅'이 그 주인공이다. 매장을 방문한 고객이 나우웨이팅 테블릿을 통해 휴대폰 번호를 등록하면 카카오톡을 통해 현재 대기팀과 예상 대기시간 등 대기 현황 알림 메시지가 고객의 휴대폰으로 전달된다. 매장 점주 및 매니저는 관리자 페이지를

"빈자리가 있는데도 매장 입구에 주문 줄이 길어 이탈 고객이 많았는데, 챗봇주문 서비스를 이용하고 나서 주문 대기 줄이 짧아져 회전율에도 도움이 되는 것 같아요."

_카페 알베르 신현성 대표님

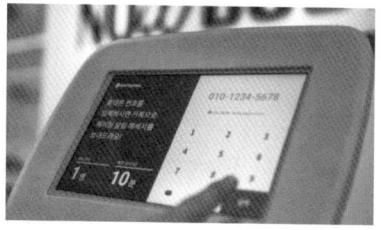 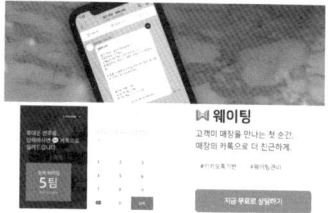

<그림20> 나우웨이팅의 스마트 웨이팅
자료 : http://www.fnnews.com/ 나우웨이팅 홈페이지 https://home.nowwaiting.co/

통해서 입장 순서가 된 고객을 호출하고 입장 처리를 할 수 있다. 누이 좋고 매부 좋은 기다림의 혁신을 이루어낸 시스템이다.

　기다리는 동안 고객은 주변을 돌아다녀도 되고 모바일로 메뉴를 확인하고 주문을 미리 할 수도 있어서, 나우웨이팅은 매장에 입장해서 다시 주문하고 기다리는 시간마저 단축시켜 주는 서비스를 제공한다. 참으로 유용한 서비스라고 하겠다. 특히 서비스 제공자 입장에서는 기존에 수기로 작성하던 대기명단을 간단한 디지털 명단으로 대체하고 기존에 목청 높여 대기자 이름이나 번호표 번호를 부르거나 전화로 하던 입장 안내를 카카오톡 메시지로 대신하여 효율성 및 생산성을 높일 수 있다. 비용은 줄이고 만족은 높아지는 이 또한 상보의 관계의 실현이다. 게다가 앞

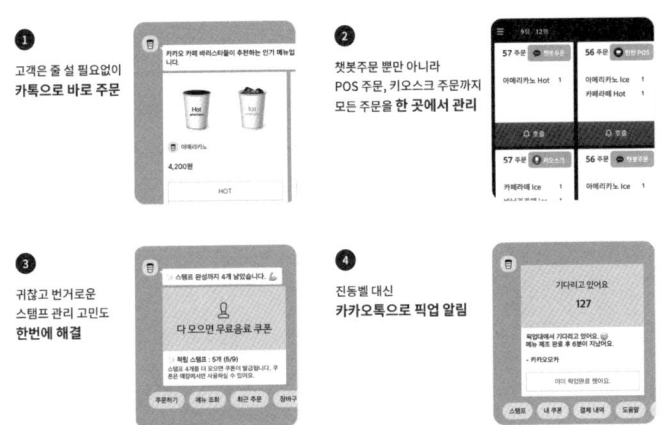

<그림21> 나우웨이팅의 서비스 프로세스
자료 : 나우웨이팅 홈페이지 https://home.nowwaiting.co/

으론 챗봇 주문 서비스도 가능하게 된다니 사용자가 장소의 제약 없이 카카오톡 메신저로 친구와 대화하듯이 주문과 결제도 쉽게 처리할 수 있을 것 같다고 한다. 그렇게 되면 스타벅스에서나 가능하던 미리 주문하고 시간되면 가서 찾아가는 사이렌 오더와 같은 모바일 주문 서비스가 골목 상권의 소상공인 카페에서도 실현될 수 있을 것 같다. 이 모두가 기다림을 줄이고 만족을 높이는 혁신이다.

고객은 서비스 프로세스에 참여할 수 있는 잠재력을 지닌 자원이다. 예를 들면 주문을 기다리는 고객은 미리 주문 내용을 확인하도록 하여 맛집 직원의 시간(즉, 서비스 능력)을 절약할 수 있다. 기다리는 시간에 이런저런 정보를 제공하거나 다른 일도 할 수도 있다. 또 다른 예로 일부 레스토랑에서는 기다리는 동안 고객이 서비스에 일부 참여하게 하여 상당한 혁신을 이루었다. 주문하고 나서 요리가 준비될 동안 자신이 먹을 샐러드를 가져오게 한 것이다.

기다림을 줄이기 위한 노력은 계속 진화하고 있다. 혁신을 통해 기존의 문제를 해결하려는 시도는 새로운 비즈니스의 창출로도 연결된다. 나우웨이팅이 하는 서비스는 스마트웨이팅 서비스라는 새로운 비즈니스이다. 오프라인 매장을 운영하는 매장주가 예약과 대기, 주문과 결제를 받는 서비스를 제공하는 'O4O Online for Offline' 비즈니스로 진화하고 있고, 매장의 생산성과 품질이 동시에 올라가는 상보관계를 증명하고 있다.

스마트와 스피드의 합작

외국인들이 잘 아는 대표적인 한국말 중에 "빨리빨리"의 순위가 꽤 높다고 한다. 뭐든지 빠르게 하는 것에 장점이 있다. 기다림을 줄이기 위해서 즉, 빨리빨리 서비스를 하기 위해서 신선설농탕의 오청 대표는 설농탕 서비스 프로세스를 분석하고 연구하여 손님의 주문과 더불어 빠르게 서빙하는 방안을 강구하였다. 센트럴키친에서 설농탕의 육수를 비롯한 중요 식자재를 가공하여 프랜차이즈에 공급한다. 이는 빠른 경영을 위한 전략이며 선택이다.

다른 어느 나라보다 배송도 빨리한다. 빠른 배송을 하는 경쟁이 무척 치열하다. 당일 배송을 넘어 총알 배송에 새벽 배송까지 다양한 배송 서비스가 고객에게 제공된다. 배송이 빨라지면 기다림은 줄어든다. 주문하여 배달될 때까지의 리드타임이 짧아지면 다른 경쟁자보다 좀 늦게 주문 받아서 납기를 맞출 수 있다. 그런데 기다림을 줄이고 리드타임을 단축하는 방식이 4차 산업혁명 시대를 맞이하여 스마트해지고 있다. 서비스 프로세스에 고객을 참여하게 하여 함께 문제를 해결하기도 하고 신기술을 도입하여 프로세스 자체를 혁신하기도 한다.

혁신을 어떻게 수행할까? 이를 두고 삼성SDS에서는 이노베이션 프레임워크로 설명하는데, 가장 보편적인 대안이 스스로 만들기Make이고 그 반대편의 대안은 다른 곳에서 가져오기(구매하기, Buy)이다. 그 중간쯤에는 다른 이와 함께 하기Partner와 다른 이가 하도록 돕기(투자하기, Invest)가 있다. 다른 컨설팅 회사에는 만들거나 사오거나Make or Buy 또는 다른 방식을 찾아내거나 Break라고 표현하기도 한다.

기다림을 해결하고 리드타임을 줄이기 위해서 그동안 많은 기업은 스스로 뭔가를 해결하려 노력하는 만들기Make 방식을 채택해 왔다면, 앞으로는 다른 곳에서 구매하기Buy나 다른 이와 함께 공동으로 추진하기Partner, Invest, Break를 고려해 볼 필요가 있겠다. 세상이 스마트해지고 고객이 스마트에 익숙해 지고 있으니 기업은 더욱 더 스마트하게 혁신해 나가야 할 것이다. 지금까지 품질의 차원에 스피드, 리드타임, 대기시간 등을 고려하지 않았다면, 이제 품질 안으로 끌어들이고 이를 추진하기 위한 방안으로 내부는 물론 외부에서 해답을 찾아보려는 노력도 필요할 것이다.

09
개인적 이미지
그냥 마음에 끌림과 설렘

결론은 내 마음이다.
그 마음에 끌리는 것이 좋은 것이고,
그런 끌림을 찾아내는 품질의 차원이
개인적 이미지이다.
끌리는 이유는 설렘 때문일 수 있다.
끌리고 설레고 그러면 고객은 선택을 하고
또 다시 찾게 된다.

공항 패션과 롱테일 법칙

개인적 이미지Personal Image는 사용자들이 어떤 제품이나 서비스에 대해서 어떻게 인지하느냐와 사용자들이 그런 제품이나 서비스를 이용하는 자신에 대해서 스스로를 어떻게 인지하느냐와 관련된 느낌이다. 핸드백이나 시계에 붙은 디자이너의 라벨이 이러한 개인적 이미지를 만들어 내는 품질의 차원이라고 할 수 있겠다. 그 라벨에 대해 사용자가 스스로 어떻게 느끼느냐가 중요하기 때문이다.

공항 패션은 인천국제공항을 출입국하는 유명 연예인들의 모습을 소개하는 기사에서 자주 등장한다. 어떤 아이돌이 짝짝이 신발을 신고 있다는 것도 화재의 중심이 되기도 한다, 같은 신발이지만 색상이 다른 신발이거나 운동화 끈이 각각 다른 색깔인 경우도 있다. 이름하야 '짝짝이 신발' 패션인데, 그 연예인이 스스로 만족하여 선택한 것 같다. 전통적인 기준으로 보면 짝짝이 신발은 불량품이라고 하겠지만, 이런 구색이 오히려 더 높은 만족을 주는 특상품이 될 수도 있는 것이라는 점에서 개인적 이미지는 다양한 사람들의 니즈를 충족시켜 주기 위한 새로운 품질의 차원이 되고 있다.

파레토의 법칙이 적용되는 것도 사실이지만 롱테일의 법칙도 잘 작동할 수 있기 때문이다. 이탈리아의 경제학자 빌프레도 파레토가 처음 찾아낸 법칙이라고 하여 파레토의 법칙으로 이름 붙여진 2대 8의 법칙은, 전체 인구의 20% 정도 되는 소수의 인구가 그 인구 전체 소득의 80% 정도나 되는 대부분을 차지하는 현상을 정리한 것이라고 하는데, 이런 현상은 경제적인 현상이나 사회적인 사건에서 잘 적용이 되어 왔다.

품질 분야에서도 파레토의 법칙을 적용하면 대다수의 불량의 원인이 어디에 집중되어 있는지 파악할 수 있어, 그 주요 원인을 제거함으로써 전반적인 품질 수준을 높이는 성과를 올릴 수 있다. 이러한 파레토 법칙은 여전히 유효하지만, 인터넷 세상의 새로운 비즈니스 모델이 등장하게 되면서, 전에는 전혀 생각하지도 못했던 이상한 현상이 있음을 사람들은 주목하게 되었다.

그 중에 새롭게 발견된 현상 중의 하나가 롱테일의 법칙이다. 마치 뱀의 긴 꼬리처럼 수많은 소수의 사람들이 각자가 좋아하는 내용이 다 각기 다를 수 있는데, 그 긴 꼬리를 다 합치면 뱀의

머리보다 더 크게 될 수도 있다는 것이다. 크리스 앤더슨은 와이어드라는 잡지의 편집장으로 일하면서 음악 파일 다운로드 횟수를 분석해 보니 이런 법칙이 적용된다는 점을 알게 되어 이를 정리하였다. 그 이후 그는 같은 제목의 책을 발간했는데, 단번에 베스트셀러가 되었고 그 이후 스테디셀러로 자리 잡고 있다.

롱테일의 법칙이 등장하게 된 이유는 무엇일까? 개인적으로 각자가 좋아하는 것이 다 다를 수 있고, 이에 대해서 서로 존중하고 인정하는 분위기가 형성되었기 때문이라고 분석해도 될 것 같다. 좀 이상해 보이는 가방, 짝짝이 신발을 누군가는 좋아하여, 그 가방을 들고 신발을 신었을 때 스스로 만족감을 느끼게 된다. 이것은 다른 기준으로도 설명할 수 있겠지만, 품질의 새로운 차원이라고 할 수 있는 개인적 이미지가 작동한 사례이다. 개인적으로 그렇게 생각하고 즐기는 것에 대해서 공급자가 이해하고 파악하여 대응한다면 사용자를 만족시켜 줄 수 있기 때문이다.

내가 좋아하는 것들

메리 포핀스(1964), 사운드 오브 뮤직(1965) 등에 출연하며 전 세계에서 폭넓은 사랑을 받은 배우 줄리 앤드루스Julie Andrews(1935년생)가 2019년 9월 3일 베네치아 영화제에서 영예의 평생공로상을 받았다. 그는 황금빛 트로피에 입을 맞추며 "유서 깊은 베네치아 영화제에서 내 공로를 인정해줘서 너무나 큰 영광"이라고 말했다. 그녀는 특히 사운드 오브 뮤직의 가정교사 마리아 역으로 유명하게 되었다. 미국의 한 TV 프로그램에서 기획한 '가장 위대한 뮤지컬 100곡'과 관련한 인터뷰에서 그는 "내가 좋아하는 것들my favorite things"을 부르는 걸 가장 좋아하는 것 같다고 이야기했다. 그 노래 가사는 다음과 같이 시작된다.

Raindrops on roses(장미꽃 위의 빗방울)
And whiskers on kittens(그리고 새끼 고양이의 수염)
Bright copper kettles(빛나는 구리 주전자)
and warm woolen mittens(그리고 따뜻한 양털 벙어리장갑)
Brown paper packages tied up with strings
(끈으로 묶어 놓은 갈색 종이 꾸러미)
These are a few of my favorite things
(이게 다 내가 좋아하는 것들)

이 가사에서 보면 주인공이 스스로 좋아하는 것들을 몇 가지 나열한 것 같은데, 왜 그렇게 좋은지를 짐작하기는 쉽지 않다. 그저 상상해 볼 뿐이다. 그저 좋다고 느낀 것들을 나열한 것이니까 말이다. 바로 이런 것이 개인적인 이미지를 반영한 사례가 될 것 같다. 아름다운 장미꽃 위에 맺힌 빗방울과 작은 고양이 얼굴에서 삐죽 보이는 수염을 상상해 볼 수 있겠지만, 그것이 왜 좋은지는 이 가사를 작사한 작사가의 마음일 것 같다. 공항에 짝짝이 신발을 신고 나타난 아이돌이 어쨌든 본인은 이 신발이 좋다고 하는 것과 다르지 않을 것이다.

그런데, 줄리 앤드루스는 69세 생일날에도 공연이 있었던 모양인데, 그날 공연장에서 자기가 실제로 좋아하는 것들로 가사를 바꿔 부르기도 했다. 자기가 좋아하는 것은 또 따로 있었던 것 같다. 이렇게 각자가 좋아하는 것을 제공해 주는 비즈니스가 앞으로 점차 활성화될 것으로 보인다.

줄리 앤드루스의 내가 좋아하는 것들을 들으면서, 한 편의 시조가 연상되어 여기서 소개하기로 한다. 참고로 시조時調는 자신의 뜻을 단 3줄에 담아 시적으로 표현해 전달하는 우리나라 전통의 문학이다. "풍악이 즐겁다 하나"로 시작되는 이 시조의 전문은 다음과 같다.

풍악風樂이 즐겁다 하나 듣기로서 다르도다
즐거운 이 들으면 즐겁고 슬픈 이 들으면 슬퍼하네
아마도 심락心樂이 본本이고 악락樂樂은 말末인가 하노라

이 시조에 대한 해설은 다음과 같다.
"음악은 듣는 사람의 마음에 따라 달라진다, 같은 음악이라도 즐거운 사람이 들으면 즐겁고, 슬픈 사람이 들으면 슬프다. 그래서 악락樂樂(음악의 즐거움)은 말단이고, 심락心樂(마음의 즐거움)이 근본이라고 한다."

시조라는 명칭의 원뜻은 시절가조時節歌調, 즉 당시에 유행하던 노래라는 뜻이었다고 하니, 이 시조가 지어질 당시의 유명 노래의 가사였을 것 같다. 그런데, 듣는 사람에 따라서 같은 노래라도 느낌이 다를 수 있음을 설명하고 있고, 그 이유가 음악의 즐거움보다는 마음의 즐거움에서 찾아야 한다는 것을 잘 설명하고 있다. 개인적 이미지는 이 시조에 등장하는 심락 心樂(마음의 즐거움)으로 설명할 수 있을 것 같다. 아무리 음악이 좋아도 스스로의 마음이 즐겁지 아니하면, 그 음악은 마음속에 들어오지 않을 것이다. 그러니 내가 좋아하는 것들은 심락에서 나온 것이라고 할 수 있다.

끌림과 설렘, 결론은 마음이다

"무엇이 무엇이 똑같을까? 젓가락 두 짝이 똑같아요. 무엇이 무엇이 똑같을까? 윷가락 네 짝이 똑같아요" 귀에 익은 동요 '무엇이 무엇이 똑같을까?'의 한 소절이다. 지금까지 똑같은 것이 좋은 것이었고 올바른 가치라고 생각해 왔지만, 세상이 변하고 있고 게다가 아주 빠르게 변화하고 있다. 신발은 켤레로 팔고 사는데, 한 켤레는 두 짝으로 구성되어 있고 모양과 크기가 같은 것이 일반적이다. 그런데 신발을 세 켤레로 팔거나 두 짝이 다른 색상이나 모양으로 파는 경우가 생기는 것은 고객들이 그 신발을 선택하기 때문이다. 개인이 느끼기에 좋다는 것이 어필을 받은 경우이다. 짝짝이 신발이나 짝짝이 양말은 이제 새로운 기준이 될 수도 있다.

자동차의 문짝은 두 개거나 네 개가 일반적인데, 우리나라에서는 세계 최초로 문짝을 3개로 만든 기존의 자동차와는 똑같지 않은 것이 재미있는 언밸런스의 벨로스터를 만들어 냈다. 그리고 누군가는 그 차가 마음에 들어 타고 다닌다. 이런 현상은 너무나 비슷한 것으로 경쟁하는데 지쳐 돌파구가 필요한 기업인에게 새로운 대안을 제시하는 사례가 될 수 있다.

최근에 홈쇼핑 업계에서 화재의 패션 브랜드가 등장했다. 디자이너 지춘희는 무려 40년간 전성기를 구가하고 있는 중인데, 그 활동 무대를 홈쇼핑까지 넓혀서 큰 성공을 거두었다는 점에 주목한 문화전문기자가 설명한 기사가 있다. 그 내용 중에 이런 대목이 특별히 주목된다.

'근사해, 하지만 내가 입고 싶진 않아'

vs

'저건 내가 당장 입고 싶은 옷이군!'

디자이너 지춘희가 홈쇼핑에 론칭한 지스튜디오는 1년 만에

[김지수의 인터스텔라]
"여행, 신문, 유튜브...
3개 눈으로 시대 읽어"
40년간 블루오션, 지춘희

"패션지 <보그>에 있던 시절, 피처디렉터의 눈으로 여러 패션쇼를 참관했다. 다소 시니컬한 관찰자의 눈으로 배낭을 매고 운동화를 신은 채 파리와 뉴욕과 서울의 쇼장을 오갔다. 컬러풀한 수트에 곰방대를 물고 걷는 장 폴 고띠에 오뜨꾸띄르부터 쿨하기 그지없는 아디다스 쇼까지, 압도적인 스케일의 수많은 쇼를 보았지만, 드는 생각은 대개 비슷하다.

'근사해. 하지만 내가 입고 싶진 않아.'
그런 의미에서 가장 기억에 남는 쇼는 지춘희 쇼다. 뭐랄까. 지춘희쇼는 흥거운 잔칫집 분위기가 났다. 진귀하고 고운 것을 들고 온 방물장수 옆에 사람이 모이듯, 까탈스러운 프레스들도 낭만적 정취와 현실 감각을 두루 갖춘 지춘희 쇼장에서는 화색이 돌았다. 블라우스, 수트, 원피스, 코트, 그리고 늘 엔딩을 장식하는 드레스까지. 보고 나면 머릿속에 드는 생각은 하나였다.

'저건 내가 당장 입고 싶은 옷이군!'
쇼의 메시지도 일관됐다. '여자를 여자답게!' 옷은 비평과 유행의 대상이 아닌, 환희와 즐거움의 세계였다. 그렇게 지춘희가 지휘하는 공간, 지춘희가 만든 옷은 한 사람을 가장 자연스럽고 밝게 비추는 마력이 있었다."

<그림22> 40년간 블루오션
자료 : http://news.chosun.com/site/data/html_dir/2019/09/10/2019091002304.html

1천억 원의 매출을 달성하였다니 대단한 성과라고 하겠다. 그 핵심 요인을 이 기사에서는 이렇게 요약하고 있다. "내가 당장 입고 싶은"이란 의미는 바로 설렘이자 끌림이고 개인적 이미지라는 품질 차원이 적용된 사례이다. 좋은데 나에겐 맞지 않을 것 같은 옷은 그냥 보고 지나치지만, 내가 좋은 옷은 바로 구매로 이어졌다는 것이다.

결론은 내 마음이다. 그 마음에 끌리는 것이 좋은 것이고, 그런 끌림을 찾아내는 품질의 차원이 개인적 이미지이다. 끌리는 이유는 설렘 때문일 수 있다. 끌리고 설레고 그러면 고객은 선택을 하고 또 다시 찾게 된다. 끌림의 사전적 의미는 "무언가에 관심이

<그림23>
'설렘을 팝니다'를 들고 산책
신현암 지음, 설렘을 팝니다,
흐름출판, 2019.09

가거나 마음이 가는 것"이고, 설렘의 사전적 의미는 "마음이 가라앉지 아니하고 들떠서 두근거림, 또는 그런 느낌"이다. 그러니, 관심이 가고 마음이 가라앉지 않아서 두근거리는 느낌이 생기게 하는 기업은 성공할 수 있을 것 같다.

"비슷한 가격에 품질도 별 차이 없어 보이는데 왜 저 브랜드만 잘 팔릴까?"

그 답을 설렘으로 찾아 나선 책도 등장하고 있다. 신현암 박사의 "설렘을 팝니다"인데, 계속 고객이 찾아가는 잘 되는 가게의 비밀을 '설렘'에서 찾고 있다. 저자가 그 책을 옆구리에 끼고 날씨 좋은 날 오후에 선정릉을 거닐다가 쉬며 놀며 읽다보니, 끌림과 설렘이 바로 개인적 이미지를 완성한 사례임을 확인할 수 있게 되었다. 물건을 파는 것이 아니라 고객에게 설렘을 판다는 이야기에 착안하여, 뭔가 다름으로 같음을 뛰어넘을 아이디어를 찾아내서 끌림과 설렘으로 성공하는 많은 기업이 등장하길 기대한다.

10 고객화

잘 맞춰 주는 능력으로 승부 내기

본 교수가 제시한 10가지 품질 차원 중에서
아홉 번째 차원은 '고객화Customization'이다.
고객이 원하는 요구사항에 맞춰주는 능력이
점차 중요해 지고 있다.
고객화는 제품이나 서비스가 개인적인
특별한 요구사항을 충족시켜 주는 정도이다.

조금 덜 매운 맛 추억

광화문 인근의 연구소에서 근무하던 시절에 뜨끈한 국물이 생각이 날 때면 맛집으로 소문난 탕 전문점을 찾아가곤 했다. 단연 즐겨 찾던 알탕을 주문하면서 하루는 조심스레 주인에게 이런 요청을 해 보았다.

"알탕을 좀 맵지 않게 해 주실 수 있나요?"

사실 맛은 참 좋지만 조금만 덜 맵다면 정말 환상적일 것 같다는 생각을 늘 해왔던 터라 그날은 용기를 내서 주문을 해보았다. 그런데 무척 바쁜 점심시간이라 그런지 주인은 그저 주방에다가 "알탕 하나요!"를 외치고 알탕 하나라고 체크를 한 주문서를 테이블에 얹어 놓고 다른 테이블의 주문을 받으러 갔다. 조금 민망하기도 했지만 그래도 맛 좋은 알탕을 기대하고 앉아 있을 수밖에 없었다. 드디어 나온 알탕은 보기에도 아주 침이 고일 정도로 먹음직했지만 역시 맛을 보니 여간 매운 게 아니었다. 그래서 주인님을 불러서 웃으며 "제가 아까 주문할 때 좀 맵지 않게 부탁드렸는데요, 역시 맵게 나왔네요"라고 이야기를 했다.

그러자 주인의 대답이 아주 인상적이었다. "물 부어 드릴까?"

잠시 뭐라 할 말을 잊고 있었다. 그날 알탕을 먹는 둥 마는 둥 하고 계산을 하고 식당을 나서면서 이런 생각을 해보았다. 고객의 입맛에 맞게 매운 맛을 조정해 주는 알탕집이 있다면 좋겠다고. 조금 더 적극적으로는 조금 덜 매운 알탕을 좋아하는 고객들을 위해 조금 덜 매운 알탕 메뉴를 추가로 개발한다면 보다 더 많은 고객에게 사랑받을 수 있을 것 같다는 생각도 했다.

주변의 동료와 지인들에게 이런 아이디어를 이야기했더니 의외로 아주 매운 맛을 즐기는 분들도 있지만, 조금 덜 매운 맛을 좋아하는 분들도 있음을 확인할 수 있었다. 그 이후로 한동안 아는 분들을 만날 때마다 매운 맛에 대한 선호도를 물어보곤 했다. 결론은 사람들마다 선호하는 맛의 취향은 다양하다는 것이었다.

이에 힘입어 조금 덜 매운 알탕을 선호하는 지인들과 그 탕 전문집에서 만나서 한결같이 조금 덜 매운 알탕이 되는지 물어보고 주문하기로 하는 일종의 거사를 모의했다. 드디어 어느날 한 번에 두세 명씩 짝을 지어 들어가서 조금 덜 매운 알탕으로 해달라는 주문을 하기 시작했다. 처음에는 무시하고 그냥 "알탕 세 개요"를 외치던 주인은 같은 요청이 반복되자 드디어 주방으로 들어가게 되었다. 주방장에게 이렇게 물어보는 것 같았다. "주방장님. 알탕을 조금 덜 맵게 해 달라고 하는 손님이 몰려 왔는데, 가능한가요?" 나중에 주인께 들은 이야기이지만 이런 요청에 주방장이 잠시 고민을 했다고 한다. 그리곤 "우리집 알탕 맛을 유지하면서 좀 덜 맵게 하기는 쉽지 않지만 한번 시도해 볼께요"라는 희망적인 답변을 했다고 한다.

드디어 조금 덜 매운 알탕은 선을 보였고 몇 번의 시도 끝에 알탕 고유의 맛도 내면서 조금 덜 매운 맛의 알탕을 만날 수 있었다. 그 이후로 그 식당 메뉴판엔 변화가 생겼다. 알탕에 조금 덜 매운 알탕이 추가되었고, 이를 계기로 아주 매운 알탕도 메뉴에 추가되어 매운 정도에 따라 총 3가지의 알탕으로 다양화되었다.

순두부찌개도 저자가 알탕 만큼이나 아주 즐겨 찾는 메뉴이다. 언젠가 LA 출장길에 한번은 코리아타운의 순두부가게에서 식사를 할 기회가 있었다. 강릉에 가서 먹어본 초당할머니순두부를 생각하고 들어갔는데, 그와는 전혀 다른 종류로 가득한 메뉴판이 인상적이었다. 다양한 순두부 종류에다가 매운 맛의 정도를 여러 단계로 구분해 놓았기 때문이다. 이렇게 다양한 순두부를 제공할 수 있는 주방의 대응능력이 놀라울 따름이었다. 역시 조금 덜 매운 맛의 해물순두부를 주문했는데, 입맛에 딱 맞아 아주 흡족하게 식사를 했다. 동행했던 동료는 아주 매운 맛의 김치순두부를 주문하더니 땀을 뻘뻘 흘리면서도 아주 맛이 좋다며 공기밥을 추가해 먹었다. 사람마다 입맛이 다르다는 점을 다시 한 번 느낀 장면이었다.

한 가지 메뉴로 특화하여 큰 성공을 거둔 식당이 있는가 하면 또 어떤 식당에서는 이렇게 고객의 입맛에 맞게 다양한 메뉴로 인기를 끄는 경우도 있다. 어느 전략이 더 좋다고 이야기하기 보다는 선택은 고객의 몫으로 돌리는 것이 보다 현명할 것 같다. 모두 다 같은 것으로 경쟁을 할 때 조금 다른 것으로 고객을 끌어들이는 기업이 있다면 그 또한 좋은 전략을 구사한 사례가 될 것이다. 마치 LA 한인타운의 순두부 전문점처럼 맞춤형 전략은 또 다른 성공의 요인이 될 수 있고 새로운 품질의 차원으로 주목받을 수 있다.

품질의 아홉 번째 차원 - 고객화

본 교수가 제시한 10가지 품질 차원 중에서 아홉 번째 차원은 '고객화Customization'이다. 고객이 원하는 요구사항에 맞춰주는 능력이 점차 중요해지고 있다. 고객화는 제품이나 서비스가 개인적인 특별한 요구사항을 충족시켜 주는 정도이다. 예를 들면, 아마존은 전혀 새로운 품질 차원으로 경쟁을 하고 있는데, 그 중에 하나가 바로 고객화이다. 무척 많은 책을 구비하고 있으면서 고객에게 맞는 적합한 책을 제안하고 제시하며 선택하게 하도록 돕는 것이 또 하나의 강점으로 작용하고 있다. 데이터에 기반한 추천과 제언은 시간이 지남에 따라 점차 진화하여 나보다도 나를 더 잘 아는 도서 추천 서비스를 하는 플랫폼 기업이 된 것이다. 이러한 사례는 다른 온라인 유통기업에서도 많이 볼 수 있다.

고객화Customization는 Customize, 즉 '주문 제작하다'에서 파생된 단어이며, 생산자가 고객 요구에 따라 제품을 만들어 주는 것을 의미한다. 이제는 제품뿐만이 아니라 솔루션과 서비스 등의 다양한 분야에서도 소비자가 원하는 형태로 재구성, 재설계하여 제공하는 것으로 의미가 확장되고 있다. 순두부 전문점에서 순두부의 종류와 맛을 선택하게 하는 방식도 여기에 속한다. 우리가 주변에서 자주 볼 수 있는 서브웨이나 스타벅스에서도 이런 방식으로 서비스를 제공한다.

예를 들면, 서브웨이는 원하는 빵, 메인 재료, 치즈, 토핑 등을 고객이 직접 선택하면 그에 따라 샌드위치를 만들어 주는 방식을 채택하고 있다. 서브웨이가 고객맞춤형 서비스를 제공한다는 점에서 다른 샌드위치 경쟁자와는 차별화된다. 이런 서브웨이를 보고 아이디어를 얻어서 맞춤형 피자 가게도 탄생되었다.

블레이즈피자는 1인용 피자를 판매하는데 고객이 스스로 피자의 재료를 선택하도록 하는 방식을 도입한 최초의 사례이다. 2011년 창업한 이래 불과 몇 년 만에 미국 캘리포니아 지역에서 매우 성공적인 브랜드로 성장하고 있다. 고객참여형 주문방식을 도입하여 어셈블리 라인을 피자 생산에 적용한 사례로 유명하다. 블레이즈피자가 맛도 좋고 가격도 적정하지만 가장 큰 인기를 끌게 된 포인트는 바로 각자의 입맛대로 원하는 토핑을 선택할 수 있는 대안을 제시했다는 점이다.

 딸아이가 하와이안 피자만 좋아하여 그 아이 클 때까지 좋아하는 페파로니 피자는 주문도 못했다는 어떤 아빠처럼, 설령 맘에 들지 않는 메뉴도 함께 나눠 먹어야 했던 피자를 혼자서 골라 먹을 수 있는 방식을 설계하고 이를 실현해 냈다는 점에서 혁

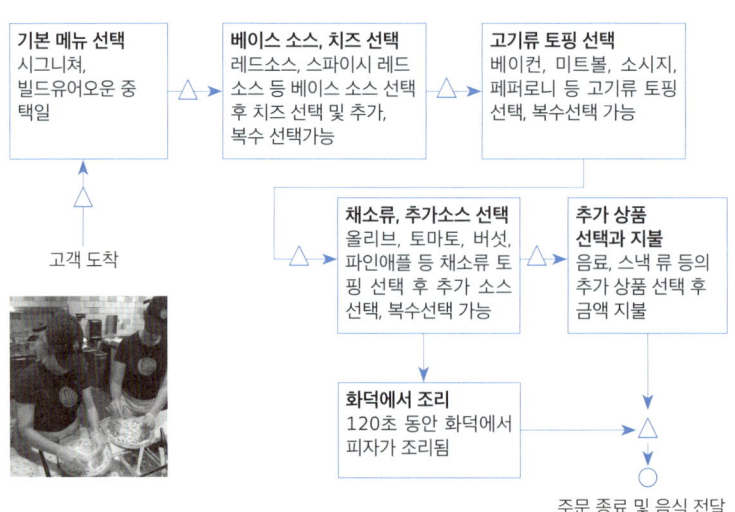

<그림24> 블레이즈피자 주문 프로세스

신적인 고객화 생산 방식이라고 하겠다. 그러니 블레이즈피자는 품질의 여러 차원 중에서도 특히 고객화라는 차원으로 경쟁하는 기업이라고 해도 좋을 것 같다.

우리나라에는 1인 피자를 맞춤형으로 제공하는 새로운 방식으로 성공한 고피자GOPIZZA가 있다. 고피자의 임재원 대표는 익숙한 피자로 새로운 경험을 만든다는 아이디어에서 사업을 시작했다. '피자를 먹고 싶을 때 바로 먹으면 되지'라는 뜻인 GOPIZZA를 브랜드로 명명하고, 이 브랜드에 몇 가지 아이디어를 추가해 국내 피자 시장에 혁신을 불러왔다. 임 대표는 포브스가 선정한 '2019 아시아의 영향력 있는 30세 이하 리더 30인'에 선정되기도 했다.

고피자의 성공 요인은 3가지로 요약될 수 있다. 첫 번째는 바로 국내 최초의 '1인 피자'라는 점이다. 이는 변화하는 소비자 트렌드에 맞춰 1인에 최적화된 사이즈와 5천원~7천 원 정도로 '가성비'를 노린 피자라는 점이다. 또한 다양한 피자와 파스타, 사이드와의 세트판매로 가격, 종류, 양에 대한 소비자의 다양한 니즈를 충족하는 방식으로 새로운 피자 시장을 개척했다는 평가를 받는다.

두 번째는 품질과 속도를 모두 잡은 화덕 'Goven(고오븐)'을 이용하였다는 점이며, 세 번째는 '풀 프루프Fool Proof' 시스템을 적용하였다는 점이다. 피자의 맛을 제대로 내면서도 자동 화

<그림25> 1인 피자 고피자의 푸드트럭

덕 'Goven(고오븐)'과 더불어 공장에서 초벌 도우를 생산하여 품질 관련 실수를 최소화하여 도우의 품질 유지, 생산성 향상, 매장에서의 피자 제조 효율성 제고를 실현해낸 아이디어로 어필하고 있다.

블레이즈피자나 고피자 모두 고객이 원하는 니즈에 맞춰 제품이나 서비스를 제공하려는 시도가 제대로 적중된 사례라는 점에서 주목된다. 그 성공의 핵심에는 바로 '고객화'라는 개념이 자리잡고 있다.

고객화는 현재진행형

몸에 잘 맞는 맞춤 양복을 입었을 때의 즐거움은 참 좋은 기억으로 남아 있다. 기성복을 사면 소매도 줄여야 하고 바짓단은 한참을 잘라내야 하는 등 수선을 이리저리 해야 드디어 입을 만한데 그래도 어딘가 좀 어색한 부분이 있을 수 있다. 그래서 잘 맞는 브랜드를 찾기까지 이런저런 양복을 경험해 보기도 한다. 물론 기성복이라도 맞춤처럼 말하는 대로 디자인을 해주고 몸에 맞춰주며 가격도 적정하게 받는 곳이 있고 납기도 적당하다면 마다할 이유가 없을 듯하다. 이처럼 고객의 니즈와 요구사항을 잘 반영하려는 노력은 다양한 분야에서 발전되어 왔다. 앞에서 보았던 식당에서는 물론 의류나 가방 등 일상생활에 관련된 많은 분야에서 고객화가 진행되고 있다.

기술의 발전에 따라 대량 고객화 Mass customization 라는 개념도 등장하게 되었다. 소수의 제품을 대량으로 생산하는 것이 아닌 고객의 니즈에 맞춰 품종을 다양화하면서도 비교적 대량으로 생산을 하여 수익을 보다 높이는 방식이 등장하게 된 것이다. 예를 들면 가방을 고객의 니즈에 맞게 맞춤형으로 제공하는 온라인 플랫폼을 최초로 구축하여 성공한 팀벅2의 사례가 있다. 팀벅2에서는 고객이 원하는 가방의 재질, 기본 디자인과 세부 디자인을 직접 선정해 구매하는 것이 가능하다는 점이 특징이다.

그런데, 4차 산업혁명 시대에 접어들면서 고객화 시대도 새로운 국면으로 발전해 나가고 있다. 빅데이터 분석을 통해 고객 니즈 파악이 용이·정밀해졌고 IoT 등을 접목한 생산시설 덕분에 생산성도 크게 증가했기 때문이다.

예를 들면, 고객 맞춤 영화를 높은 정확도로 추천하는 '왓챠'와 '넷플릭스', 신속하게 품질 실수 없이 제품을 생산하는 스마트공장 등이 등장한 것이다. 아니 이렇게 하는 것이 새로운 표준이 되고 있는 중이라고 해도 과언은 아닐 것이다. 특히, 스마트공장은 납기 준수와 균일한 품질 제공 등을 통해서 B2B, B2C 영역에서의 고객화를 달성할 수 있다고 하겠다. 이러한 시장의 변화는 제품과 서비스 제공자들로 하여금 새로운 시도를 하게 했고 그 결과로 다양한 고객화가 등장하기 시작했다.

커피 시장에서도 새로운 시도가 등장하고 있는데, 예를 들면, 고객 맞춤형 서비스와 스마트공장을 접목하여 고객의 입맛에 맞는 원두를 선택하게 하고 그 원두를 세계 최초로 냉수를 이용하

<그림26> 콜드 에스프레소 액상 커피의 등장

여 추출한 액상 커피로 만들어서 고객에게 제공하는 방식이다. 고객의 선택을 스마트공장에서 실현해 내는 부분이 바로 맞춤형의 좋은 사례라고 하겠다.

한편, 이러한 트렌드의 변화로 인해 달라진 고객군의 니즈 충족부터 고객 개개인만을 위한 고객화가 등장하고 있다. 특히, 옵션을 제외하고 다른 고객화 요소가 많지 않던 대형가전 시장에도 새로운 고객화의 바람이 불기 시작한 것이다. 그 대표적인 사례는 대량 생산에서 개인 맞춤으로 가전의 패러다임을 바꾸고 있는 삼성전자의 비스포크Bespoke 냉장고이다.

삼성전자에서 '프로젝트 프리즘'으로 비스포크 냉장고가 탄생하게 되었다. 삼성전자는 효율과 기능 중심의 획일적인 생산 방식으로는 가전 시장의 주요 고객층인 밀레니얼 세대를 공략할 수 없다고 판단하여 프리즘처럼 모든 업종, 세대를 아우르는 프로젝트라는 의미의 프리즘 프로젝트를 가동하였다. 표준화가 아닌 개인화, 제조가 아닌 창조 등을 추진하는 새로운 비전을 실천하는 노력인데, 비스포크 냉장고가 프로젝트 프리즘의 첫 번째 제품이 되었다.

삼성전자는 비스포크 상품 개발을 위해 사내 다양한 부서에서 밀레니얼 세대를 선발해 '밀레니얼 커미티'를 운영하였고, 커미티를 통해 밀레니얼 세대의 구매패턴, 생활 습관 등을 조사하고 디자인, 색상, 기능 등도 이들의 평가를 거쳤다고 한다. 이를 통

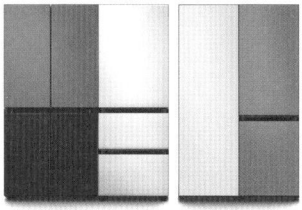

<그림27> 삼성전자 프로젝트 프리즘의 비스포크 냉장고

해 비스포크는 8개 타입 모델, 3가지 소재, 9가지 색상을 조합 할 수 있는 신개념 냉장고로 제작될 수 있었다. 네이비, 민트, 핑크 등 파격적인 색상과 더불어 소재, 모델 타입을 2만2000여 개에 달한 조합으로 구성 할 수 있다고 하며, 가족 구성원 수, 식습관, 주방 형태 등 고객이 원하는 대로 사용할 수 있어 큰 호응을 얻고 있다는 점에서 주목된다. 이제 냉장고도 입맛에 맞게 골라 먹는 순두부 같이 비스포크Bespoke(맞춤화된, 고객 맞춤 생산을 하는) 시대가 열린 것이다.

그러니 이제는 기존의 품질 차원과는 다른 새로운 차원으로 경쟁하는 시대를 맞고 있다고 하겠다. 4차 산업혁명 시대를 맞이하게 되면서 전에 없던 선진 기술과 빅데이터 분석을 통한 보다 정교하고 정확한 예측도 가능하게 되고 IoT 기술, 스마트공장을 통한 보다 균질적인 품질, 새로운 기능을 탑재한 대량 '맞춤' 생산이 가능해지고 있다. 이러한 기술과 더불어 진정한 의미에서의 고객화를 추구하는 기업들이 미래의 승자가 될 것이다.

11 상호작용

새로운 상호작용으로의 초대

고객접촉은 현물과 현실의 세계에서
가상과 가공의 세계로 전환되고 있다.
무인화와 기계화 그리고 언택트가
새로운 트렌드로 자리 잡고 있다.
서비스 분야는 물론 제품에서도 설명이나
판촉 그리고 판매 후 서비스 제공과
고객과의 커뮤니케이션을 위해
고객접촉을 새로운 방식으로 진행하고 있다.

고객접촉에 주목하라

고객접촉Customer contact은 서비스 전달 시스템에 고객이 물리적으로 참여하는 것을 의미한다. 즉, 은행 서비스를 예를 들면, 고객이 은행 업무를 보기 위해서 은행에 직접 가는지 인터넷이나 모바일로 업무를 처리하는지 그리고 고객과 관계없이 은행에서 업무를 처리해 주는지 등으로 구분될 수 있다. 이처럼 기업이 고객에게 서비스를 전달하는 시스템의 유형은 고객접촉의 방식에 따라 다음의 3가지로 구분된다.

첫째는 고객이 물리적으로 참여하여 서비스 제공자와 직접적인 상호작용을 하는 방식이다. 이를 '직접 고객접촉'이라고 한다. 그러니 고객은 서비스 전반에 대해서 잘 파악하게 된다. 고객이 은행을 방문하여 텔러와 대면을 하면서 업무를 보는 것이 대표적인 사례이다. 물론 이런 일은 점점 줄어들고 있어서, 오프라인

점포는 점점 줄어들거나 그 업무 성격에 따라 객장의 모습이 변화하고 있다. 지난 수십 년 동안 같은 위치에서 영업을 하던 K은행 지점에도 변화가 생겼다. 5층짜리 건물의 1층에서는 예금 고객을, 2층에서는 VIP 라운지를 운영했었는데, 어느날 전면적인 내부 공사를 시작하더니 1층에는 커피숍과 객장을 함께 운영하고 2층에는 라운지 형태의 객장으로 변신을 했다. 기왕에 직접 방문하는 고객을 위해서는 보다 밀접한 서비스를 제공하는 방식을 도입한 것으로 보인다. 물론 자동화기기는 보다 접근이 용이하게 1층 입구에 잘 자리 잡고 있었다.

둘째는 고객접촉이 인터넷을 통해서 간접적으로 발생하는 경우이다. 이를 '간접 고객접촉'이라고 한다. 저자는 얼마 전에 자동차를 새로 구입하게 되었는데, 구입 대금의 일부를 할부로 하려 하니 자동차 세일즈맨이 특정 은행의 신차대출 프로그램을 권유하였다. 이유는 그 프로그램이 가장 유리하다는 것이었다. 권유에 따라 근처에 있는 해당 은행 지점을 방문하여 대출신청을 하려고 하니, 예상과는 달리 그 은행의 앱을 스마트폰에 다운받아 실행한 후에 스스로 정보를 입력하게 하였다. 그러다 보니 은행 대출 담당 직원과의 상담은 없이 그저 앱을 통해서 스스로 업무를 처리할 수 있었다. 이러한 간접 방식의 서비스 프로세스는 점차 늘어나는 추세가 될 것이며, 고객들도 이를 보다 편리하게 생각하게 될 것 같다. 물론 인터넷이나 모바일 환경에 익숙하지 않은 분들에게는 상당히 어려운 일로 보일지 모르지만 일단 익숙해지면 그 편리성에 만족하게 될 것이다.

마지막은 고객과의 접촉이 전혀 없이 이루어지는 경우이다. 이를 '무접촉 서비스'라고 하며 '언택트Untact 서비스'라고 한다. 이제 서비스 전달자와 고객이 마주치지 않고도 원하는 서비스를 받을 수 있는 언택트 시대가 열리고 있다. 사물인터넷IoT으로 서비스를 하는 무인자판기가 속속 등장하고 식당, 금융권 심지어는 공항까지 무인시대에 돌입하고 있다.

최근에 가족들이 함께 모여 식사도 하고 이런저런 가족 행사를 진행하기 위한 자금을 좀 모아보자는 의견이 있어서, 한 달에 1인당 얼마씩을 모아서 관리하기로 했다. 옛날 같으면 누군가 총무를 맡아서 이를 관리해야 했겠지만, 카카오뱅크에 모임통장

<그림28> 카카오뱅크의 가족기금 모임 통장

기능이 있다는 소식을 듣고 그 대신에 가족통장을 개설하고 이를 통해서 가족기금을 관리하기로 했다. 그러다 보니 이제는 은행직원의 도움 없이 이런 편리함을 즐길 수 있게 되었다. 게다가 자동이체를 신청해 두었더니 매달 일정한 기일에 차곡차곡 가족기금이 모이게 되었다.

이처럼 직접 접촉에서 간접 접촉을 넘어 무접촉 서비스가 확대됨에 따라 고객과의 상호작용의 방식에 대한 기업의 관심과 대응이 달라지고 있다. 특히 주52시간 근무제와 최저임금제 등의 여건 변화에 따라 많은 소매업에서는 사람이 하던 일을 기계로 대체하는 무인화 및 자동화에 투자를 늘리고 있고 이를 통해 인건비를 줄이는 방식에 관심을 두고 있다. 뿐만 아니라 24시간 영업을 위해서도 무인화는 도움이 되며 고객들의 편의성을 제고한다는 측면에서도 다양한 분야에서 적용이 늘어나는 추세이다.

이처럼 고객접촉은 현물과 현실의 세계에서 가상과 가공의 세계로 전환되고 있다. 무인화와 기계화 그리고 언택트가 새로운 트렌드로 자리 잡고 있다. 서비스 분야는 물론 제품에서도 설명이나 판촉 그리고 판매 후 서비스 제공과 고객과의 커뮤니케이션을 위해 고객접촉을 새로운 방식으로 진행하고 있다.

얼마 전, 집에 있는 삼성전자 프린터의 토너를 교체해야 해서, 처음에는 서비스센터에 전화해서 수리기사를 부를까 생각하다, 혹시나 하는 마음에 인터넷으로 해당 사항을 검색해보니 스스로 해결할 수 있는 방법을 찾을 수 있었다. 이처럼 꼭 만나지 않아도 되는 일이 점차 늘어나고 있음을 다양한 분야에서 경험하게 된다.

영화 같은 장면을 현실에서 경험하는 중

아마 사물인터넷IoT이라는 개념도 명확하지 않았을 것 같은 시절에 미래의 할인점의 모습이 이렇게 바뀔 것 같다는 동영상을 보며 무척 놀란 기억이 생생하다. 유명 컨설팅 회사에서 제공하는 솔루션을 이용하면 그렇게 된다는 것인데, 그 동영상의 내용은 이러하다.

바바리 코트를 입은 점잖아 보이는 신사가 점포에 들어가서 물건을 주머니에도 넣고 바바리 코드 안쪽에도 숨기듯 들고 계산도 하지 않고 유유히 점포를 나선다. 그러자 뭔가 화면에 계산서가 가상으로 등장하고 이미 등록된 카드에서 자동으로 계산이 되고 그 정보는 그 고객에게 전송되며 상황은 종료된다.

이러한 계산 방식이 있을 것이라고 상상하지 못하고 보면 그 신사는 영락없는 절도범이지만, 사실은 첨단의 계산 방식을 사용하는 멋진 도시 남자이다. 이를 두고 우리는 패러다임 시프트 Paradigm shift라는 표현을 쓰곤 한다. 특정한 정보를 알기 전후에 완전히 상황이 달라지는 경우에 해당되기 때문이다. 2000년대

초반에 인터넷 혁명에 따라 등장한 뉴 이코노미New economy 시대에 RFID 칩을 이용한 새로운 방식을 도입한 할인점의 모습을 보여준 가상의 동영상이 이제는 현실로 등장하고 있다. 닷컴 기업이란 용어도 아스라한 지금 그 시절의 그 장면이 바로 아마존 고Amazon Go에서 실현되고 있다.

2018년 5월 초에 개최된 ASQAmerican Society for Quality에 참가하기 위해 미국 시애틀을 방문할 기회가 있었다. 시애틀하면 많은 사람들이 스타벅스의 첫 매장이 있어서 그곳에 꼭 가보고 싶어 한다는데, 그 보다 더 가보면 좋겠다고 기대한 곳은 아마존 고Amazon Go 매장이었다. 먼저 앱을 설치한 고객들은 매장으로 들어서서는 마치 위의 동영상의 젊은 신사처럼 자신이 원하는 점심 메뉴를 스스럼없이 골라서 쇼핑백에 담은 후에 그대로 걸어 나오고 있었다. 결제를 위한 키오스크나 카운터의 계산원

<그림29> 시애틀의 스타벅스 첫 번째 매장과 아마존 고 매장에서

<그림30>
시애틀 아마존 고 매장의 게시물

Get the app to enter   No Lines, No Checkout

도 보이지 않았다. 당연히 계산대 앞에는 계산을 기다리는 대기 줄도 없었다. 매장 밖에서도 보이고 물론 입구에도 커다랗게 '노 라인, 노 체크아웃No Lines, No Checkout'이라는 문구가 붙어 있었다. 일종의 혁신이 실현되는 매장의 모습이 오늘 우리 앞에 펼쳐지고 있다.

마치 물건을 남에게 들키지 않고 성공적으로 훔치는 것에 성공한 듯한 경험을 하기 위해 많은 고객들이 방문하고 있다. 그저 흥미만을 위한 시도가 아니라 비용을 줄이려는 아마존의 입장과 기다림 없이 빠르게 쇼핑을 하려는 고객의 입장이 아주 잘 맞아 떨어지기 때문에 이러한 서비스는 이제 되돌리기 어려운 대세로 자리 잡을 것 같다. 마치 온라인뱅킹이나 모바일뱅킹을 경험한 고객들이 점포에서 기다리는 일을 하지 않으려는 것처럼 4차 산업혁명이 쇼핑 현장에 접목되고 있는 것이다.

  인공지능·빅데이터·클라우드·사물인터넷 등의 신기술이 서비스 전달 시스템의 디지털 전환을 추진하고 있다. 회사의 직원과 고객이 직접 마주치지 않고도 고객이 원하는 서비스를 잘 받을 수 있는 이른바 언택트Untact 시대가 도래한 것을 바로 아마존 고에서 경험할 수 있다. 접촉을 의미하는 컨택트Contact라는 단어에 반대라는 의미의 '언un'을 붙인 신조어인 언택트는 많은 분야에 널리 적용 중이다.

고객과의 상호작용에서 차별화 찾는다

고객접촉Customer contact의 변화는 고객들의 니즈 변화와 이를 실현가능하게 뒷받침하는 기술의 변화가 함께 만들어 낸 합작품이다. 인천국제공항 2터미널이 개장된 이후 항공사의 업무가 언택트로 전환되고 있고, 특히 셀프 서비스가 다양하게 적용되고 있다. 서비스 제공자와의 상호작용이 없는 셀프 서비스는 서비스 제공자와 상호작용이 있는 기존의 서비스와는 여러 가지 면에서 차이가 있다. 항공사의 예를 들어 보면, 셀프 서비스는 스스로 티켓팅도 하고 자리 배정도 하고, 수화물에 태그도 붙이는 등 다양하게 진화하고 있다. 특히, 인천국제공항 제2여객터미널은 무인공항 시대의 개막이라고 해도 좋을 정도로 다양한 서비스가 새롭게 등장하고 있다. 셀프체크인Self Check-in 기기를 통해 직접 탑승권을 발권하고, 셀프 백 드롭Self Bag drop 기기에서 직접 짐을 부칠 수 있다. 심사대를 지나는 승객들의 얼굴을 자동으로 스캔하고, 전자여권 사진과 비교하는 워크 스루Walk through 시스템도 도입되었다. 아예 특정 지역을 셀프 서비스 무인존으로 운영하여 무인공항을 실현하고 있다.

    항공사의 셀프 서비스는 표준화된 서비스를 보다 빠르고 유용하게 고객에게 전달할 수 있는 장점이 있고, 개인의 요구에 맞게 선택할 수 있는 고객 맞춤형, 고객 지향적인 서비스를 구현할 수 있다는 점에서 주목된다. 그 주요 특징은 다음과 같다.

① 기계 및 기술을 통한 고객과 항공사와의 상호작용이다.
② 고객이 스스로 하는 새로운 형태의 서비스 접촉이다.
③ 여행에 필요한 상품이나 정보를 제공하는 기술이다.
④ 이비즈니스e-Business의 한 형태이다.

    최근에 인천국제공항 제2터미널에 적용되는 셀프 서비스는 모바일/웹체크인, 사전좌석배정/사전좌석구매, KIOSK(무인탑승수속기), 셀프 백 드롭 카운터 등이며, K항공사에서는 이를 적용하여 2019년 9월 1일을 기점으로 서비스 프로세스가 〈그림31〉과 같이 변경되었다.

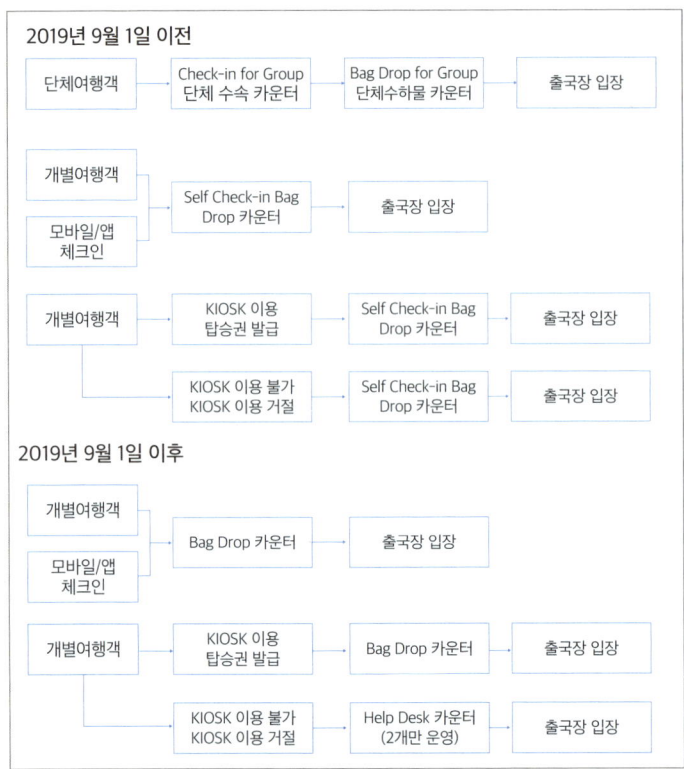

<그림31> 공항 서비스 프로세스 변경

품질의 11번째 차원 – 상호작용

제품이나 서비스는 품질의 차원에 대한 새로운 연구와 트렌드를 반영한 내용으로 보면, 전통적인 가빈의 연구에서는 제시되지 않았던 새로운 차원이 속속 제시되고 있다. 그 가운데 상호작용은 본의 연구에서는 면대면 상호작용Face-to-face interaction으로 제안된 새로운 차원이다.

- **면대면 상호작용** : 고객과의 커뮤니케이션, 서비스 제공자에 대해 고객이 느끼는 확신성, 서비스 환경에 대한 안정감 등을 포함하는 차원이다.

그런데 4차 산업혁명의 진전과 새로운 기술의 등장으로 이제 고객과의 상호작용은 단지 면대면의 고객접촉은 물론 언택트도 가능하게 되었기에 다양한 새로운 시도가 등장하여 적용되고 있다. 앞에서 살펴본 은행의 서비스 변화는 물론 유통업계의 새로운 시도와 더불어 항공사의 서비스에 이르기까지 다양한 분야에 적용되고 있다. 제품을 생산하고 판매하는 제조업의 경우도 예외는 아니다. 제품의 구매 전 정보 탐색과 구매 과정 그리고 사용 중 정보 교환 등 거래 전 과정에서 커뮤니케이션 방식이 획기적으로 변화하고 있다. 면대면 상호작용에 집중되었던 고객과의 대화는 이제 비대면, 무인화, 셀프 서비스 등이 종합된 언택트로 진화하고 있다.

앞으로 품질의 차원에는 고객과의 상호작용을 어떻게 하느냐에 대한 관심이 더욱 높아질 것으로 보인다. 카톡과 같은 SNS로 궁금증을 물어 보고 유튜브를 통해서 해결책을 스스로 찾아내는 고객들이 더욱 많아 질 것이기 때문이다. 그렇지만, 이러한 흐름 속에서도 복고 현상이나 새로운 기술 환경에 적응이 쉽지 않은 상대적인 약자가 있기 마련이니 이들을 위한 상호작용의 방식에 대해서도 함께 고민하여야 할 것이다.

12
미래의 품질

4차 산업혁명으로 변화된 현장에서는
사람과 사물 그리고 기계가 함께 품질을
책임지게 될 것이다.
스마트공장에서는 데이터의 실시간 관리,
정보의 투명성 확보, 그리고 데이터의 정합성이
갖춰질 수 있게 되기 때문이다.

4차 산업혁명 시대의 품질

4차 산업혁명 시대를 맞아 스마트공장에서의 품질은 어떤 차원이 필요하고, 어떻게 관리되며 또 어떤 결과의 품질을 기대할 수 있을 것인지에 대해 생각해 보자.

품질의 대가로 유명한 데밍E. W. Deming 박사는 "품질은 모두의 책임이다"라고 주장하였는데, 그가 이 시대에 살며 새로운 변화를 보며 다시 이야기를 하게 된다면, 아마도 "품질은 모든 것의 책임이다"라고 할 것 같다.

4차 산업혁명으로 변화된 현장에서는 사람과 사물 그리고 기계가 함께 품질을 책임지게 될 것이다. 스마트공장에서는 데이터의 실시간 관리, 정보의 투명성 확보, 그리고 데이터의 정합성이 갖춰질 수 있게 되기 때문이다. 프로세스에서 품질의 변동을 발생시키는 원인과 프로세스의 능력 상태를 관리하는 새로운 차

<그림32> 4차 산업혁명 시대의 품질

원의 통계적 프로세스 관리SPC, Statistical Process Control를 통해서 품질 향상 및 생산성 효율화를 동시에 추진할 수 있을 것이기 때문이다.

가장 대표적인 스마트공장인 독일 지멘스 앰버그 공장Siemens's Amberg Electronics Plant에서는 합격률 99.9988%를 이미 2014년에 달성한 것으로 알려져 있으며, 이 공장을 그대로 중국 청도에 옮겨 놓은 SEWCSemens Electronic Works Chengdu에서는 합격률이 99.9985% 수준을 유지하는 동시에 정시 배달률도 98.8%를 달성하였다고 한다. 그야말로 품질도 좋고, 납기도 좋고, 게다가 원가도 낮고 유연성도 높은 '불가능한 미션'을 달성한

<그림33> 스마트공장의 낮은 불량률과 높은 품질관리
자료 : http://www.siemens.com/innovation/en/home/pictures-of-the-future/industry-and-automation/digital-factories-defects-a-vanishing-species.html
http://industrie40.vdma.org/documents/266693/9670777/7%20I40%20konkret%20Siemens.pdf/b03651e5-5aec-4ec2-8024-802b51ee33f0

사례가 아닐 수 없다.

　이와 유사한 국내 사례로는 포스코 용광로에서 생성되는 데이터를 시각화해 생산될 제품의 품질을 미리 예측하는 시스템을 구축한 것이다. 또한, 매일유업 청양공장에서는 빅데이터로 불량품을 걸러내어 유제품의 생산량을 10% 늘려 그동안 서로 함께 좋아질 수 없는 상충Trade-off의 관계로 묶여있던 품질과 생산성이라는 두 마리 토끼를 한 번에 잡고 있다. 빅데이터 적용 전후 성과 비교는 마치 전혀 딴 세상이 열린 것과 같아 보인다. 한편 사물인터넷 또는 M2MMachine-to-Machine으로 품질 향상이 되는 이유를 '인더스트리위크IndustryWeek'의 "사물인터넷이 품질을 높이는 6가지 이유"라는 기사에서 확인할 수 있다.

　이처럼 IoT는 품질의 새로운 차원을 만들어 낼 것이다. 즉, 자

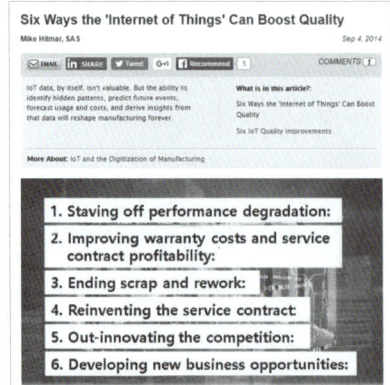

<그림34> IoT와 품질
자료 : http://www.industryweek.com/IoT-boosts-quality
http://blog.lnsresearch.com/blog/bid/202628/Data-43-of-Manufacturing-Professionals-Don-t-Understand-the-IoT

산관리 방식의 변화, 건강과 안전의 제고, 서비스의 가능성 확대, 그리고 지속가능성의 실현 등이 IoT의 활용으로 기대되는 품질 차원의 새로운 변화라고 하겠다.

예를 들면 자산관리 차원에서는 기계의 성능을 모니터링하여 새로운 변수를 측정하여 관리하게 되면, 실패와 실수를 예측할 수 있고, 사전에 이를 작업자에게 알려 줄 수 있을 것이다. 그러니 사고 예지와 예방 보전의 실현이 가능하게 될 것이다.

미래의 품질과 품질검사

마세라티 Maserati Ghibli라는 이탈리아 승용차는 지멘스의 지원으로 디자인에서 완성차 생산에 이르기까지 전 과정을 디지털화하고 있다. 그 결과 디자인은 보다 단순화 될 수 있었고, 생산 프

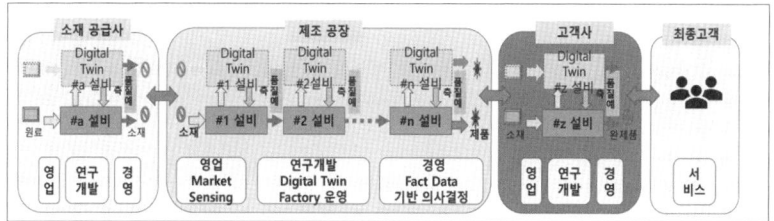

<그림35> 자동화의 한계를 스마트화로 해결
자료 : 박한구, "제조업의 스마트 팩토리화에 따른 경영 전략의 변화", 한국인더스트리4.0협회 등 참조

로세스는 보다 유연성을 갖게 되었으며, 품질은 새로운 전기를 맞아 생산과정에서의 무결점은 물론 운영 과정에서의 품질이력 추적 등이 체계적으로 수행될 수 있는 기반이 마련되고 있다.

이렇게 구축될 미래 공장에 대한 연구에 따르면 〈그림37〉과 같이 몇 가지 요소의 결합으로 전망할 수 있다. 사전적(예측적) 기계 분석, 증강현실의 적용, 공급사슬관리를 위한 IoT 센서의 활용, 로봇의 활용, 모듈러 장비의 사용, 컴퓨터 비전을 적용한 품질검사, 웨어러블 디바이스를 활용한 작업자, 그리고 무인트럭으로 운송 등이 그 주요 요소가 된다. 이 가운데 품질검사는 컴퓨터 비전을 이용하여 불량을 스캔하고 머신러닝을 하는 방식으로 달라진다. 물론 사전적이며 예방적으로 불량은 생산되지 않도록 공정이 관리되며, 불량은 이러한 방식을 통해서 걸러지게 된다는 점에서 획기적인 변화가 일어나게 된다.

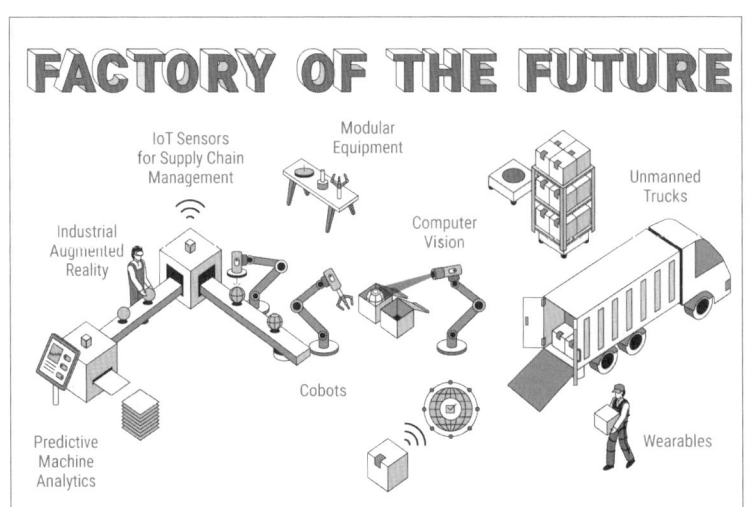

<그림36> 미래의 공장 모습
자료 : Future Factory: How Technology Is Transforming Manufacturing
https://www.cbinsights.com/research/future-factory-manufacturing-tech-trends/#product

    4차 산업혁명 시대에 대응하여 스마트공장을 추진하고 있는 국내 기업에서 품질검사 업무의 변화에 대해 검사 신뢰도 확보, 생산 중 불량제로화 추진 그리고 개발완성도 확보를 주요 과제로 설정하여 운영하고 있다. 그 중에서 검사 신뢰도 확보를 위해 이 회사에서는 검사 자동화를 통한 전수검사체계 구축와 검사 인라인In-line화 및 검사공정 시프트Shift화라는 과제를 설정하였다. 검사 신뢰도 확보를 위해서 자동 비전Vision 검사기를 도입하고자 하는데, 이를 통해서 비전 검사기 합/부 판정 정확도, 관능

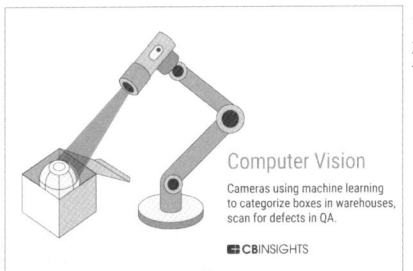

<그림37> 미래의 공장에서 품질검사
자료 : Future Factory: How Technology Is Transforming Manufacturing

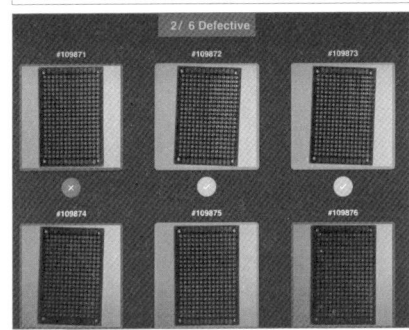

검사 기준Spec 명확화, 개발단계부터 적용 방안 수립 등을 수행하고자 한다.

또한 검사공정 시프트화를 위해서 인라인 자동검사 시스템 구축하고자 하는데, 검사 간 상관관계 확보, 반제품(공정검사)으로 완제품(출하검사)을 대체할 수 있는 검사항목 개발, 관능검사의 양불 판정 기준의 명확화, 판정 사례 DB화 등이 주요 수행 업무로 정의될 수 있다. 이처럼 스마트공장의 추진에 따라 각각의 업무와 과제가 새롭게 변화할 것으로 기대된다.

품질경영의 변화

품질경영은 조직에서 품질을 어떻게 경영할 것인가를 다루는 아주 의미 있는 학문 분야라는 점에서 교수들에겐 좋은 연구의 주제이며 대상이다. 제조업, 서비스업, 대기업, 중소기업 관계없이 가치를 창출하는 과정에서 언제나 품질은 중요한 전략적 고려 요소이고 전략 변수로 자리 잡고 있어서, 기업의 경영자는 늘 어떻게 하면 품질을 높은 수준으로 끌어 올려서 경영성과를 높일 것인지에 고심한다.

우리는 지금 인류 역사상 가장 역동적인 변화의 시기를 살고 있음을 4차 산업혁명이라는 표현을 통해 실감하고 있다. 훗날 역사가들이 정리하고 규정할 일이지만 지금 진행되고 있는 디지털 전환을 주목하여 새로운 산업혁명이 일어나고 있다는 점에 모두가 공감하고 있다. 패러다임이 완전히 새롭게 바뀌는 전환기를 경험하고 있다는 것은 한편으로는 고달픈 점도 있지만 다른 한편으로는 엄청난 기회를 맞이할 수 있다는 점에서 흥미롭다.

품질경영 분야도 지난 수십 년 동안 축적되고 발전되어 온 수많은 이론과 기법의 토대 위에 이제 디지털 전환이라는 새로운 변화를 받아들이면서 새로운 변화를 맞이하고 있다. 이를 두고 '품질4.0'이라고 부르며 이미 선진 기업에서는 품질경영의 새로운 지평을 열어나가고 있고, 불량은 더 이상 발생하지 않는 완벽한 제조와 서비스 창출 및 전달이 가능함을 예견하고 있다는 점에서 품질경영은 앞으로 엄청난 변화를 겪으며 발전해 나갈 것으로 기대된다.

품질4.0 시대

4차 산업혁명 시대의 품질경영은 어떤 모습을 갖게 될 것인가? 그동안의 품질경영의 발전 과정을 되돌아보면, 품질관리QC,Quality Control 시대를 거쳐서 종합적 품질관리TQC, Total Quality Control 시대가 있었고, 그 이후에 최근까지 종합적 품질경영TQM, Total Quality Management을 경험하였다. 최근의 4차 산업혁명 시대에 접어들어 새롭게 등장한 품질경영의 새로운 모습을 품질4.0Quality 4.0으로 규명한다면, 이는 디지털 품질경영DQM, Digital Quality Management이라고 할 수 있겠다.

  품질4.0은 기술만을 의미하는 것이 아닌, 그 기술의 사용자 가치를 극대화하기 위한 프로세스이다. 이런 점에서 품질은 제품 생산의 초기단계인 제품 설계에서부터 판매 후의 서비스까지의 모든 상태를 모두 포함하는 개념으로 인식된다.

  한편, 품질4.0의 구성 요소로는 분석Analytics, 데이터Data, 앱 개발App development, 연결Connectivity, 확장성Scalability, 협력Collaboration, 역량Competency, 리더십Leadership, 문화Culture, 기준 준수Compliance, 관리 시스템Management system 등이 포함된

품질 1.0	품질2.0	품질3.0	품질4.0
QC	TQC	TQM	DQM
품질관리	종합적 품질관리	종합적 품질경영	품질경영의 디지털화

<그림38> 4차 산업혁명 시대의 품질경영

다. 특히 분석과 데이터 그리고 앱 개발이 기존의 품질경영과는 구별되는 요소라고 하겠다.

품질4.0의 특징은 다음의 세 가지로 정리할 수 있다.

첫째, 예방관리Preventive Management : 제품의 설계에서부터 품질에 대한 이슈를 고려, 생산라인 투입 이전에 사전적으로 예방하는 전향적인 품질관리, 빅데이터 분석과 이를 통한 사전적 대응 등이 특징이다.

둘째, 대응관리Reactive Management : 제품이 사용자의 손에 들어간 이후의 품질문제까지 고려, 사후 품질관리에 해당, 품질 문제 발생 시에 기민한 대처와 지속적인 문제 해결 능력, 문제를 측정하고 근본적인 원인을 찾기 위한 지표 설정과 관리, 혁신 기술 도입을 통한 개선, 고객에게 정보전달(교육) 및 소통 등 능동적인 품질관리가 여기에 해당된다.

셋째, 품질문화의 정착Quality Culture : 제품의 설계에서 사용자에 이르기까지 기업의 전반적인 활동 기반, 기업 내 품질 전담부서의 역할 강화 및 주도적 문제 해결의 추진에 대한 사항이다.

이미 많은 기업에서는 품질4.0을 추진하고자 노력하고 있고, 이러한 추세는 지속될 것이다. 이런 점에서 품질4.0 시대에 적합한 품질 차원에 대한 연구는 지속되어야 할 것으로 보인다.

마치며

품질이 산업이고 혁신이 능력이다

품질이 산업

연구회와 세미나 등에서 종종 만나던 A사의 최고기술담당임원 CTO C사장은 최근 그룹사 회장님으로부터 새로운 미션을 받아 밤낮없이 분투하고 있다고 했다. 그 임무는 쓰리 제로3 Zero의 달성이라고 했다. 첫째는 불량Defects 제로, 둘째는 납기지연Delay 제로, 그리고 셋째는 조업중단Shut down 제로를 달성하는 공장을 만들라는 과제는 다른 말로 하면 품질과 납기 그리고 생산에 문제가 없어야 미래의 경쟁에서 승산이 있다는 명제와 같았다.

  품질 분야에 헌신해온 B사의 최고품질담당임원CQO D부사장도 최근에 자주 뵐 기회가 있었다. 지난해 봄에 B사의 품질담당 임직원들의 협의회에 초대받아 4차 산업 혁명 시대를 맞이하여 품질경영을 어떻게 해야 하는지 강의를 할 기회가 있어서, 품질경영의 디지털 전환을 의미하는 품질4.0 추진을 제안하였었다. 그 후 품질4.0은 공통의 대화 주제가 되었다. 마치 재료가 잘 준비되고 조리 과정에 틀림이 없으면 좋은 음식이 만들어지며, 이를 다 시식하지 않고도 고객에게 제공하는 것처럼, 품질4.0을 구현하게 되면 완제품의 품질검사는 생략해도 되지 않겠느냐는 이야기도 했다. 그래서 B사에서는 설계품질, 제조품질, 납기품질, 사용품질 등 공급사슬 전 과정에서 품질이 달성되도록 디지털 기술을 접목하여 실시간으로 점검하고 관리하는 품질4.0의 달성을 위해 기존의 품질 업무를 재구축하여 왔다고 한다.

영업의 달인이란 별칭을 들으며 식음료 유통 분야에서 승승장구하던 F이사는 최근에 E사를 창업하여 사장으로 취임했다. 신규 특허에 기반한 신제품의 개발과 더불어 이를 고객맞춤형으로 생산하여 배달까지 하는 시스템의 구축과 실현을 한 번에 추진하는 사업을 시작하였다며 생산 분야에 대한 자문을 구해와 종종 미팅을 하고 있다. 비즈니스 모델은 구축하였고 유통채널도 오랜 경험과 지식으로 차근차근 정착시키고 있는데, 생산 공장 구축에 대해서는 앞의 C사장이나 D부사장과 같은 고민을 하고 있었다.

어떻게 하면 쓰리 제로를 구현하고 품질4.0이 실현되는 스마트공장을 만들 수 있을까?

독일의 지멘스 암베르크 공장에서는 '불량의 종말The end of

defects'을 선언하고 실천해 나가고 있으니, 어쩌면 가장 가까운 벤치마크가 될 것 같다. 이런 공장을 디지털 공장 또는 스마트공장이라고 부른다. 아울러 공급사슬에 참여하는 공급사들도 같은 수준으로 디지털 전환을 이룰 때 납기지연은 해소될 것이고, 현실의 세계와 꼭 같은 가상의 모델을 만들어 사전적으로 준비하고 실시간으로 모니터링 하여 개선해 나가는 디지털 트윈Digital twin을 실현하게 되면 예기치 않은 조업중단은 사라질 것이다. 품질4.0이 실현되면 지금까지 수행하던 품질 업무도 새롭게 전환될 것이다.

그런데 품질4.0을 구현하기 위해서는 단지 기술만 있으면 되는 것이 아니라고 대부분의 연구자나 산업계 전문가들이 지적한다. 새로운 소프트웨어나 장비를 들여놓은 것은 꼭 필요하지만 그보다 더 중요한 것이 직원들의 변화이다. 즉, 문제가 생기기 전에 완벽한 상태를 만들어가는 예방관리와 혹시 문제가 생기더라도 빠르게 조치하는 대응관리가 가능하게 하려면, 품질경영에 대한 기업의 접근방법이 달라져야 한다는 점도 강조한다. 이를 두고 기술만큼 '품질문화'도 중요하다고 설명하기도 하고, 과학과 예술의 균형이 필요하다고 주장하기도 한다.

4차 산업혁명 시대를 맞이하여 품질4.0의 구축을 위해서 각각의 기업에서는 엄청난 노력을 하고 있는데, 무엇이 올바른 길이고 또 지름길인지 혹시 잘 모르고 있다면, 누군가 그 길을 알려주고 개척해야 할 것이다. 스마트공장을 구현하고 품질4.0을 실천해 나가는 업무를 담당하고 지원하는 산업의 발전과 육성이 필요할 것이다. 품질경영 업무는 기업의 주요 기능 가운데 하나로 자리 잡아 왔는데, 이제는 다양한 산업에서 품질경영의 디지털 전환 즉, 품질4.0의 추진과 실천이 필요한 상황을 맞아 이를 맡아 추진할 품질산업을 새롭게 육성할 필요가 있겠다. 중소중견기업에겐 직접적인 도움이 되겠지만, 공급사슬과 생태계를 고려하면 더욱 든든해진 중소중견기업 덕분에 대기업의 경쟁력은 더욱 강화될 수 있을 것으로 기대된다.

이제 각 산업에서, 각 기업에서 추진해 오던 품질경영 업무를 담당할 품질산업을 육성하고 그 산업에 속한 전문 기업들이 우리나라 산업 전체의 품질을 높일 수 있는 방안을 강구하는 것에 정부와 유관기관들은 관심을 기울여야 할 것이다.

"업종이 무엇인가요?"라는 질문에 "네, 품질경영입니다"라는 기업이 등장하길 기대한다. 공통의 고민을 함께 나누다 보면 때로는 문제 해결의 실마리를 찾아낼 수 있을 것 같다.

혁신이 능력

"무슨 사업을 하시는지요?"
(다른 말로 하자면, 업종이 무엇인지를 묻는 것)

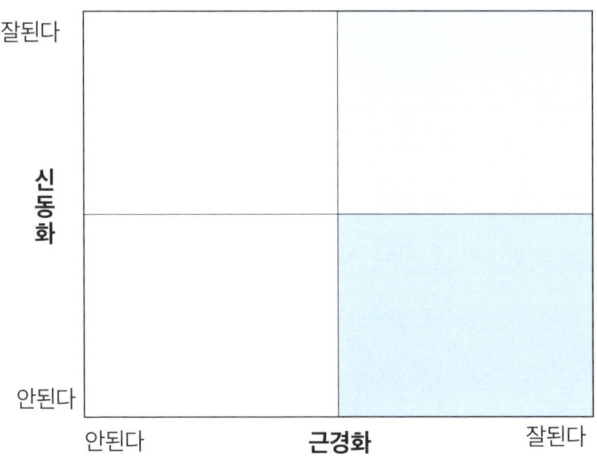

<그림39> 근경과 신동 - 핵심은 혁신

여러 경영자들이 참여하는 조찬세미나에서 같은 테이블에 앉게 되어 처음 인사를 나누며, 명함만으로는 짐작이 가지 않을 때 처음 만남의 어색함을 조금 누그러트리기 위해서라도 이런 질문을 하곤 한다. 그러면서 사업과 제품이나 서비스에 대한 이야기를 나누기 시작하게 되고 그러다 보면 아침 식사가 이어지게 된다. 경제 현안이나 새로운 트렌드 등을 공유하는 공부도 하는 기회를 갖는다.

그런데 경영자들은 늘 공통의 고민이 있어 보인다. 기존의 제품이나 서비스의 경쟁력을 강화하는 것은 물론이고 앞으로 어떤 새로운 아이템으로 새로운 성장을 이끌어 낼 것인가 하는 것이다. 거대한 기업조차 세상의 변화에 제대로 대응하지 못하여 명운을 달리하는 사례가 속속 보고되고 있는 이 시점에서는, 기존 사업의 '근본적인 경쟁력 강화(근경화)'와 새로운 사업을 통한 '신성장 동력의 창출(신동화)'에 관심을 두지 않을 수 없을 듯하다.

더구나 4차 산업혁명으로 불리는 새로운 변화가 이미 시작되고 있음을 알고 있기에 경영자는 잠 못 이룰 고민거리가 참 많은 것 같다. 4차 산업혁명을 주도할 핵심 기술은 사물인터넷, 클라우드, 빅데이터, 모바일이 결합된 ICBM IoT, Cloud, Big Data, Mobile 통합 플랫폼이라고 한다. 이는 산업의 생태계를 완전히 바꿔 놓을 것이라 한다. 그러니 경영자들의 고민의 골은 더욱 깊어만 간다.

"뭐 좋은 해법이 없을까요?"

(꼭 정답을 얻고자 하는 질문은 아닐 것이라 생각하지만, 은근히 부담이 되는 질문이다)

이런 물음에 '혁신'에서 해답의 실마리를 찾아보자는 제안을 하곤 한다. 그러면서 자주 예로 드는 사례는 1865년에 창립된 밀리켄Milliken & Company이란 회사이다. 밀리켄은 지난 155년 이상 생존하며 혁신을 거듭하여 발전해 왔다. 이 회사의 슬로건은 '글로벌 혁신 리더Global Innovation Leader'이며, 위키피디아에서 밀리켄을 검색해 보면 업종에 아예 '혁신Innovation'이 가장 먼저 소개되고 있음을 알 수 있다.

무엇을 하는 회사이기에 업종의 첫 번째 아이템으로 혁신을 제시하고 있을까? 처음엔 목화로 면직물을 만들어 식탁 테이블보 등을 만드는 전통적인 미국 남부의 섬유회사로 사업을 시작했지만, 지속적인 R&D를 통해서 새로운 아이템을 만들어 내면서 화학제품을 만들어내고 바닥재와 카펫 등을 생산하는 등 지속적인 혁신을 수행하고 있다. 처음 시작한 면직물에 안주하지 않고 새로운 아이템의 개발을 위해 노력하여 신상품을 계속 만들어내고 또 성공으로 연결시켜 나가는 혁신 활동이 있었던 것으로 분석된다. 그러다 보니 이 회사가 가장 잘하는 것이 다름 아닌 '혁신'이며, 하는 일이 바로 '혁신'이라고 당당히 소개하고 있는 것이다.

그래서 이 회사의 사례를 경영자들에게 종종 설명하곤 한다. 관심이 있는 기업에겐 정말 도움이 되는 회사이다. 밀리켄은 미국의 국가품질상인 말콤볼드지리상을 수상한 기업이라는 점에서도 유명하지만, 가장 혁신적인 기업인 동시에 윤리적인 기업으로 정평이 나있기 때문이기도 하다. 두어 해 전에 전기를 생산하는 한전의 발전자회사 중 한 회사에서 주최한 세미나에 초대받아 참석해 보니, 그동안의 혁신활동을 평가하고 공유하는 자리였다. 참 흥미롭게 사례 발표를 들었다. 더욱 인상적인 것은

CEO가 그 긴 시간을 흔들림 없이 지키고 앉아서 직원들의 혁신 사례를 꼼꼼히 경청하고 피드백을 하는 것이었다. 특히, 전기를 생산하는 본업에 충실히 하면서, 4차 산업혁명에 대응하기 위한 회사의 발전 방안에 대해서는 오히려 CEO가 직원들보다 더욱 전향적인 비즈니스 모델을 구축하여야 한다는 강조도 하였다. 참 흥미진진한 시간이었다.

그때 CEO가 한 질문 중에 다음과 같은 질문이 있었다.

"혹시 참고할 만한 좋은 사례가 있을까요?"

(성공사례 또는 유사한 사례를 살펴보고, 거기에서 아이디어를 얻길 원할 경우에 이렇게 질문을 하는 것 같다)

그래서 지속적인 혁신으로 장수기업이 된 밀리켄 사례를 설명하였더니, 매우 깊은 관심을 보였다. 업종이 '혁신'인 회사는 이제 곳곳에서 등장할 것 같다. 이제 성공하고 발전하며 존경받는 장수기업이 되기 위해서는 기존의 사업 분야에서 근본적인 경쟁력을 높이는 일과 더불어 새로운 분야에서 성장의 동력을 찾아 성공으로 이끌어내는 능력이 꼭 필요한데, 그것은 바로 '혁신'이라고 다시 한 번 강조할 수 있겠다.

최근에 발전소를 건설하는 사업과 바닷물을 먹는물로 바꾸는 담수화 장비 등을 생산하는 사업을 하는 중공업회사의 전략설명회에 참석할 기회가 있었다. 그 회사에서도 역시 기존 사업부에서 진행하는 사업에서 근본적인 경쟁력을 제고하여 수주를 많이 해 경영성과를 높이겠다는 전략계획이 있었으나, 동시에 서비스 사업부를 신설하여 새로운 성장의 동력을 찾아내려는 노력을 치열하게 준비하고 있었다. 그렇게 하게 된 계기는 사업을 보는 눈을 새롭게 하고 또 그러한 비즈니스 모델을 구현해 나가는데 도움이 되는 새로운 기술이 속속 등장하고 있다는 점이라고 한다.

"4차 산업혁명은 잘 하면 피할 수 있을까요?"
(아마 그것은 어려운 일인 것 같습니다)

이 질문의 초점은 피하기 어렵다면 어찌해야 할지 방향을 알고 싶은 것 같다. 4차 산업혁명은 "불가피하며 피할 수 없는Inevitable" 트렌드라고 하겠다. 게다가 이제는 이러한 변화가 "일반적이지 않고 처음 있는 일No ordinary"이 되고 있다.

한마디로 맥킨지McKinsey가 설명하는 뷰카VUCA의 시대라고 하겠다. 뷰카VUCA는 변동성Volatility, 불확실성Uncertainty, 복잡성Complexity, 모호성Ambiguity의 앞 철자를 모아놓은 이 시대의 특징이다. 그러니 기업은 생존과 발전을 위해 혁신을 해야 되겠다. 고객과 시장의 진화를 이해하고 파악하여 이에 대응하는 사업을 잘 이끌어내는 것 자체도 결국은 혁신이다.

4차 산업혁명에 대응하기 위해서는 시장과 고객의 변화와 요구사항을 빨리 알아채는 파악능력이 우선 필요하다. 그 다음엔 이를 반영하여 고객에게 새로운 제품이나 서비스를 제공할 수 있는 역량이 필요하다. 그래서 결국은 고객이 원하는 것을 제공하는 역량이 있어야 성장하고 발전하며 생존할 수 있을 것이다.

마치 밀리켄처럼 혁신을 업종으로 생각하고, 품질을 산업으로 이끌어내는 새로운 품질 경쟁력을 창출하는 기업들에게는 품질의 차원이 새로운 기회의 창으로 열릴 것으로 기대된다.

참고문헌

- 곽수일, 김연성(2019), "스마트공장과 생산전략의 발전방향", 대한민국학술원 학술원논문집(인문·사회과학편), 58(1), 519-602
- 김대수, 김연성, 신동일, 주재만 공저(2019), 4차산업혁명과 기술경영 – 혁신과 성장, 한경사
- 김성홍, 김연성, 박유진, 이근철, 이청호, 이형석, 임성묵 공역(2018), 생산관리 15판, 한경사
- 김승범, 김연성(2014), "서비스 디자인과 운영 관리의 효과적인 결합을 통한 패스트캐주얼 레스토랑의 성공 요인 분석: 블레이즈피자 사례", 서비스경영학회지, 15(4), 66-84.
- 김연성(2016), "품질경영학회 50주년 특별호: 서비스품질 분야 연구 리뷰", 품질경영학회지, 44(2), 265-276.
- 김연성(2018), "품질관리 만큼 뛰어난 경영기법은 없다", 동아비즈니스리뷰 1월 Issue 1.
- 김연성(2019), "품질이 산업이다", 품질경영 1월호, 12-13.
- 김연성(2019), "새롭게 제시된 10가지 품질의 차원", 품질경영 2월호, 46-50.
- 김연성(2019), "품질의 핵심성능은 무엇인가", 품질경영 3월호, 32-35.
- 김연성(2019), "색다름의 시작, 핵심부터 명확히하라", 품질경영 4월호, 44-47

- 김연성(2019), "신뢰성 전략은 현재진행형으로!", 품질경영 5월호, 34-37.
- 김연성(2019), "서비스가능성으로 차별화하기", 품질경영 6월호, 36-39.
- 김연성(2019), "제 눈에 안경을 찾아주는 품질의 차원, 심미성", 품질경영 7월호, 36-39.
- 김연성(2019), "기다림도 불편함도 없는 편의성의 완벽을 탐하다", 품질경영 8월호, 32-35.
- 김연성(2019), "품질 안에 깊숙이 들어온 리드타임과 대기시간", 품질경영 9월호, 32-35.
- 김연성(2019), "그냥 마음에 끌리는 그것이 새로운 품질로 자리 매김", 품질경영 10월호, 34-37.
- 김연성(2019), "고객에게 가장 어울리는 맞춤형 고객화로 승부할 때", 품질경영 11월호, 36-39.
- 김연성(2019), "없어도 서비스가 이뤄지는 새로운 상호작용, 언택트", 품질경영 12월호, 42-45.
- 김연성(2019), "이번에도 품질이 돌파구이다", 품질 그리고 창의 9월호, 18-21.
- 김연성, 김채복, 유석천, 정승환, 주상호 공역(2014), 생산운영관리 3판, 한경사
- 리처드 돕스 , 제임스 매니카 , 조나단 워첼 공저, 고영태 역(2016), 미래의 속도, 청림출판
- 박한구(2018), "제조업의 스마트 팩토리화에 따른 경영 전략의 변화", 한국인더스트리4.0협회.
- 박한구 , 송형권 , 장원중 , 이순열 , 임채성 공저(2017), 4차 산업혁명, 새로운 제조업의 시대 스마트공장, 이렇게 구축하라, 호이테북스
- 삼성그룹 회장 이건희 (4) - '구매의 예술화'로 승화된 상생경영, 업코리아 (http://www.upkorea.net)
- 신현암 지음(2019), 설렘을 팝니다, 흐름출판
- 유한주, 김연성, 정욱, 박민재 공저(2019), 고객만족과 지속가능경영의 원천 – 품질경영, 생능
- 윤용, 이주연, 김연성 공저(2017), 서비스타이제이션, 문우사
- 정승환, 김연성, 이돈희, 김서영, 손윤병 공저(2019), 비즈니스 트랜스포메이션스(BTS)와 서비스품질경영, 한경사
- 조성진 부회장, '고객 가치' 중심 체질 변화로 수익 기반 성장 가속, 한경비즈니

스 제 1230호(2019.06.24 ~ 2019.06.30.)
- 최병돈, 김선민, 김연성, 박광태, 이돈희, 임호순, 주상호 공역(2019), 서비스경영 TOS, 한국맥그로힐
- 최정일, 김연성, 유한주, 장정빈, 황조혜 공저(2016), 서비스경영4.0, 문우사
- 한인구, 백기복, 신동엽, 송재용, 박우성, 이영면, 김도현, 신현한, 김연성, 한상만, 임채성, 윤성수, 신경식 공저(2017), 직각혁신이 답이다, 매일경제신문사

- Bohn, Roger E.(2013), "Managing Quality", Harvard Business Publishing
- Garvin, D.(1987), "Competing on the Eight Dimensions of Quality," Harvard Business Review, November, 65(6).
- Koren, Y.(2010), The Global Manufacturing Revolution –Product-Process-Business Integration and Reconfigurable Systems, Hoboken, NJ, Wiley
- Parasuraman, A., Zeithaml, V.A. and Berry, L.(1985), "A Conceptual Model of Service Quality and Its Implications for Future Research", Journal of Marketing, 49(4), 41-50.
- Parasuraman, A., Zeithaml, V.A. and Berry, L.(1988), "SERVQUAL: A Multiple-Item Scale for Measuring Customer Perceptions of Service Quality," Journal of Retailing, Spring, 12-40.
- Seo, Yong Won, Kim, Youn Sung, Kim, Daesoo, Yu, Yung-Mok & Lee, Sung Hee(2017),"Innovation Patterns of Manufacturing and Service Firms in Korea", Total Quality Management and Business Excellence, 27(1), 1-17.
- The Economist January 10th-16th 2009, pp.60-62. (www.economist.com)

- 나우웨이팅 홈페이지(https://home.nowwaiting.co/)
- 비즈트리뷴(http://www.biztribune.co.kr)
- 오뚜기 홈페이지(http://www.ottogi.co.kr)

- http://bizn.donga.com/3/all/20180719/91136961/2
- http://blog.lnsresearch.com/blog/bid/202628/Data-43-of-

Manufacturing-Professionals-Don-t-Understand-the-IoT
- http://industrie40.vdma.org/documents/266693/9670777/7%20I40%20konkret%20Siemens.pdf/b03651e5-5aec-4ec2-8024-802b51ee33f0
- http://news.chosun.com/site/data/html_dir/2019/09/10/2019091002304.html
- http://www.businesspost.co.kr/BP?command=article_view&num=118833
- http://www.industryweek.com/IoT-boosts-quality
- http://www.siemens.com/innovation/en/home/pictures-of-the-future/industry-and-automation/digital-factories-defects-a-vanishing-species.html
- http://www.yes24.com/Product/Goods/33095845?pid=123485&cosemkid=dc14913600297423564
- https://guide.michelin.com/kr/ko/about-us
- https://www.cbinsights.com/research/future-factory-manufacturing-tech-trends/#product
- https://www.graze.com/uk/
- https://www.hankyung.com/article/2019040378071
- https://www.lge.co.kr/kr/business/signaturekitchen/signaturekitchenMain.do